LE POIDS
DES APPARENCES

Jean-François AMADIEU

LE POIDS
DES APPARENCES

BEAUTÉ, AMOUR ET GLOIRE

© Éditions Odile Jacob, mars 2002

15, rue Soufflot, 75005 Paris

ISBN : 2-7381-1137-8

www.odilejacob.fr

À Christine

AVANT-PROPOS

Soyez naturel ! Soyez vous-même ! Soyez bien dans votre peau !

À en croire ce slogan, répété à l'envi dans les magazines, le naturel serait la clef du succès amoureux ou professionnel. Dans la vie, il s'agit de se montrer tel que l'on est, sans artifice et sans effort de présentation particulier. Le naturel révèle nos vraies qualités alors que les efforts réalisés pour accéder à une certaine beauté sont des masques et des formes de tromperie. On ne voit bien qu'avec le cœur, disait déjà Saint-Exupéry.

Les proverbes, aussi, mettent en garde contre les apparences, toujours trompeuses, qui serviraient à dissimuler la noirceur d'une âme mauvaise. Tout comme les sondages qui semblent indiquer que l'apparence physique et la beauté sont des critères superflus quand il s'agit d'épouser la personne qu'on aime ou de décrocher un travail.

Mais faut-il croire les magazines, les proverbes, les sondages ?

Curieusement, alors que la vie de tous les jours nous fournit toutes sortes de preuves de l'importance du paraître, nous persistons en France à ne pas vouloir l'admettre. Une sorte de voile pudique semble jeté sur cet aspect du fonctionnement de notre société, comme s'il ne fallait pas aborder ces questions, comme s'il fallait minimiser le rôle de l'apparence physique.

L'apparence continue donc, particulièrement en France, à être tenue pour une question de chiffons et une préoccupation frivole. On ne s'est pas beaucoup penché sur l'impact qu'elle avait sur la vie amoureuse et sexuelle. On ne s'est pas demandé sérieusement dans quelle mesure les salariés n'étaient pas recrutés et payés à la tête du client. On ne s'est guère efforcé de savoir si la sympathie ou le pouvoir de conviction d'un homme politique ne dépendait pas tout simplement de sa bonne mine.

Rares sont les sociologues, les économistes ou les psychologues qui ont vraiment prêté attention à cette question négligée, dévalorisée, raillée ou ignorée. Dans les années 1970, Pierre Bourdieu avait bien signalé que l'apparence constituait un des ingrédients de la reproduction sociale, mais il fut parmi les quelques sociologues français à lever partiellement le voile. Ce sont surtout les publications américaines qui, depuis trente ans, traitent de l'impact du physique sur l'ensemble de notre vie sociale.

Il y a longtemps, pourtant, des sociologues comme Marcel Mauss ou Georg Simmel ont souligné que des questions, *a priori* triviales, comme la coquetterie, la mode, les odeurs ou l'apparence physique constituaient des domaines à explorer. Pour Simmel, par exemple, c'est en cherchant à comprendre les « questions de chiffons[1] », les détails de la

---

1. G. Simmel, *Sociologie des sens*, traduit et publié en France pour la première fois en 1912 et repris dans *Sociologie et épistémologie*, Paris, PUF, 1981.

vie quotidienne que l'on peut espérer un jour comprendre vraiment le fonctionnement de nos sociétés.

Notre vie est d'abord faite de rencontres, d'attirances ou de répulsions. Le pays dans lequel nous vivons et le groupe social qui est le nôtre nous transmettent des critères pour distinguer le beau et le laid, les bonnes et les mauvaises odeurs, les voix agréables des voix antipathiques. Ces critères sont déposés en nous dès le plus jeune âge de sorte que le sentiment que nous éprouvons à l'égard de telle ou telle personne prend une force particulière. Quand nous disons que nous ne pouvons pas sentir quelqu'un, que c'est plus fort que nous, que c'est physique, nous exprimons, en fait, un sentiment profond et irrépressible[2]. Cette réaction affective très forte s'accompagne d'un travail d'observation et d'analyse. Après avoir été attiré ou dégoûté de manière spontanée et subjective, nous allons chercher à connaître l'autre, à faire parler son visage, ses gestes, son allure, ses vêtements. Notre réaction affective et inconsciente est complétée par un examen lucide et conscient de la personne que nous regardons. Simmel explique que l'impact énorme de l'apparence mais aussi de la voix et de l'odeur d'un individu provient justement de l'imbrication d'éléments pulsionnels et d'informations précises.

Il nous semble que le devenir de chacun et l'organisation de notre société se comprendront mieux si l'on regarde de plus près pourquoi et comment des considérations physiques se retrouvent ainsi au cœur de ces mouvements d'attraction ou de rejet, d'imitation ou de distinction, d'intégration ou d'exclusion, d'élection ou de disgrâce. Certes, il n'est pas très glorieux de constater que l'une des origines des inégalités réside tout bonnement dans l'apparence des individus. C'est

---

2. G. Simmel, *Sociologie des sens*, op. cit.

pourtant la vérité : notre corps, notre visage, nos vêtements et notre allure générale jouent un rôle essentiel dans notre destinée.

Le moment est peut-être venu de dire clairement la vérité sur l'un des facteurs les plus obscurs de discrimination sociale. Par cet ouvrage, nous voudrions pouvoir contribuer à cette prise de conscience dans un pays qui se plaît à ignorer et minimiser le poids des apparences.

Chapitre premier

LES STANDARDS DE LA BEAUTÉ

Avant de mettre au jour les conséquences considérables du physique et de l'apparence sur tous les aspects de notre vie, il faut préciser de quoi on parle. Qu'est-ce qu'une belle personne ? Qu'est-ce qu'un physique attirant ? Existe-t-il des standards permettant à tout le monde de reconnaître un beau visage ? En quoi consiste la « physical attractiveness » des Anglo-Saxons ?

Rappelons, pour commencer, quelques évidences. Pour que l'apparence d'un homme ou d'une femme puisse être de fait un critère discriminant, il faut que la beauté ne soit pas également distribuée entre tous. Il faut, en outre, que tout le monde donne, peu ou prou, la même définition du beau. Si les opinions divergeaient par trop, on serait renvoyé à l'idée que le pouvoir de séduction et le charme sont laissés à l'appréciation de chacun.

Certes, nous aimons et admirons des personnes très différentes. Nos amis ne sont pas tous sur le même modèle, et nous les apprécions pour des raisons aussi nombreuses que variées. Ceux qui connaissent le succès ou la gloire présentent des physiques très dissemblables, et les couples sont formés *a priori* de gens qui ne sont pas des canons de beauté mais qui s'aiment et se trouvent l'un l'autre séduisants.

L'expérience quotidienne laisse donc penser que la beauté n'obéit pas à des standards très stricts. Et pourtant...

Pourtant, on peut établir que certains individus détiennent un capital de beauté supérieur, puisque cet avantage leur est largement reconnu par les autres (le groupe social ou la société dans laquelle ils vivent). D'autres, en revanche, sont indéniablement défavorisés sur ce plan et, ici encore, on constate l'existence d'un consensus général les concernant. Le sentiment du beau n'est pas le fruit du hasard. L'attirance pour un visage, un corps, une personne n'est donc pas aléatoire. Les points de vue convergent suffisamment pour pouvoir affirmer que des normes sociales existent et qu'elles ont des effets majeurs, même si ceux-ci sont méconnus.

Beauté et symétrie

C'est un vieux débat que celui de l'essence du beau. On s'interroge depuis longtemps sur les critères du beau et sur les règles qui permettraient de comprendre pourquoi nous tombons d'accord quand il s'agit de juger de la beauté et de la laideur. Depuis les travaux fondateurs des Grecs, on avance que ce sont l'harmonie, l'équilibre, la symétrie des proportions et des formes qui produisent le sentiment du beau chez ceux qui observent un visage ou un corps[1].

Des études récentes ont permis de vérifier ce point : l'attirance pour un visage est notamment l'attirance pour un visage symétrique. Cette symétrie est d'ailleurs clairement perçue par les observateurs. Elle est synonyme de jeunesse — les visages d'enfants sont plus symétriques que les visages adultes — et constitue un trait suffisamment rare pour

---

1. M. Pfulg, *La Beauté, tout un art*, Paris, Arziates, 1998.

étonner et fasciner, puisque la dissymétrie est, statistique-
ment, la règle dominante.

Reste encore, pour sortir du simple constat, à expliquer
pourquoi la symétrie est à ce point valorisée et pourquoi
elle contribue autant à l'impression de beauté. Une des
explications les plus fréquemment avancées est que les individus au corps plutôt symétrique (yeux, oreilles, pieds,
mains, etc.) présenteraient des caractéristiques recherchées par leurs partenaires sexuels. Dans plusieurs espèces
animales, la symétrie physique semble aller de pair avec la
bonne santé, la croissance, la fécondité et la survie. Le sentiment du beau provient-il également, dans l'espèce
humaine, de la valorisation de cet indicateur de qualité
reproductrice que serait la symétrie[2] ?

Remarquable moyenne

Plus récemment, on a soutenu que ce standard de
beauté pourrait s'expliquer par l'attirance exercée par une
apparence qui serait la moyenne des apparences observa-
bles dans la réalité[3]. En effet, lorsqu'on compose un visage
artificiel de femme à partir de plusieurs visages réels, on
obtient une image finale qui est généralement jugée plus
attirante que les autres. Pourquoi en est-il ainsi ?

Nous avons l'occasion, depuis notre plus jeune âge, de
voir une multitude de visages et ceux-ci forment rapidement
un ensemble indifférencié. Ainsi, un bébé qui circule dans

---

2. Pour une synthèse récente de la question, voir S. W. Gangestad et
J. A. Simpson, « The evolution of human mating : trade-offs and strategic plura-
lism », *Behavioral and Brain Sciences*, 23 (4), 2000.

3. J. H. Langlois et L. A. Roggman, « Attractive faces are only average », *Psychological science*, 1, 1990, p. 115-121.

un supermarché avec ses parents va mémoriser plusieurs centaines de visages qui finissent par se fondre en un seul. Assez rapidement, nous nous faisons une représentation de l'apparence moyenne d'un homme ou d'une femme, d'une personne jeune ou vieille. Cette moyenne des apparences correspondrait au standard de beauté et toute apparence s'écartant de la moyenne serait, de ce fait, jugée anormale et disgracieuse. Contrairement à ce que l'on pourrait penser, un individu « parfaitement moyen » n'est donc pas banal et sans charme. Au contraire, il paraîtra, pour des raisons qui échappent au public, étrangement parfait et beau. Paradoxalement, la femme belle entre toutes serait une femme moyenne, non pas *désespérément* moyenne, mais *remarquablement* moyenne.

Ce standard moyen s'imposerait même à un niveau international. Pour s'en assurer, le professeur J. S. Pollard, de l'Université de Canterbury en Nouvelle-Zélande, a réalisé un visage de femme à partir de six visages féminins d'origines ethniques différentes[4]. Il a ensuite interrogé des étudiants nigérians, chinois, indiens et néo-zélandais et leur a demandé leur préférence. Tous ont choisi l'image composite. L'expérience a été répétée avec plusieurs séries de visages différents et elle a abouti au même résultat : c'est le visage moyen qui est préféré.

Allant plus loin, le professeur Langlois, de l'Université du Texas, a pu établir qu'en augmentant le nombre de visages à partir desquels on « fabriquait » le visage moyen, on augmentait aussi le degré de « beauté » attribué à ce visage. Toujours dans le même ordre d'idée, l'Autrichien Karl Grammer[5] a

---

4. J. S. Pollard, « Attractiveness of composite faces — A comparative study », *International Journal of Comparative Psychology*, 1995, p. 77-83.
5. Voir http://evolution.humb.univie.ac.at/multimedia/faces.html

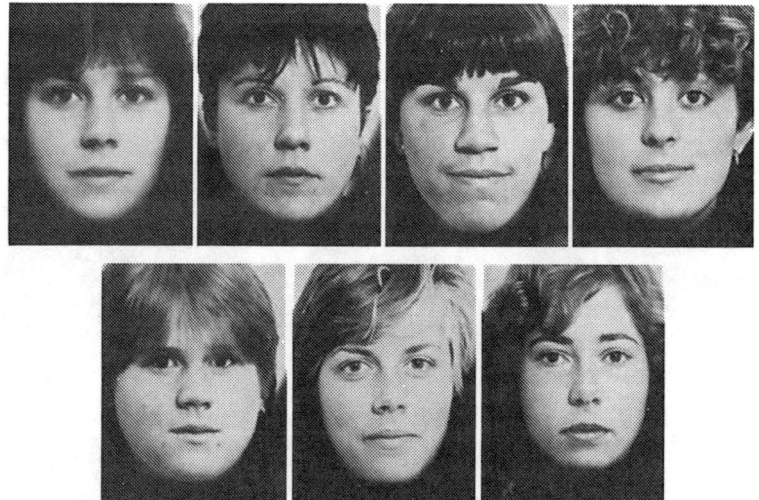

Le visage qui est la moyenne des 6 autres se trouve en haut à gauche. (D'après J. S. Pollard, 1995.)

montré que lorsque l'on constituait une image de synthèse à partir de photos représentant le corps ou le visage de femmes américaines (noires et blanches) et japonaises, on obtenait une image qui était jugée belle. Il en a conclu que la beauté était universelle et qu'elle pouvait parfaitement résulter de la multiethnicité, contrairement à ce que laissent parfois entendre les conclusions abusivement tirées de travaux évolutionnistes. Ce chercheur a lui-même constitué, pour une exposition antiraciste organisée à Vienne, les images de synthèse suivantes, réalisées à partir de trois portraits de femmes (pris par le photographe japonais Akira Gomi).

L'idée que la moyenne puisse être une forme de perfection est une idée intéressante, qui a été reprise dans d'autres travaux de recherche mais aussi parfois contestée, comme nous allons le voir.

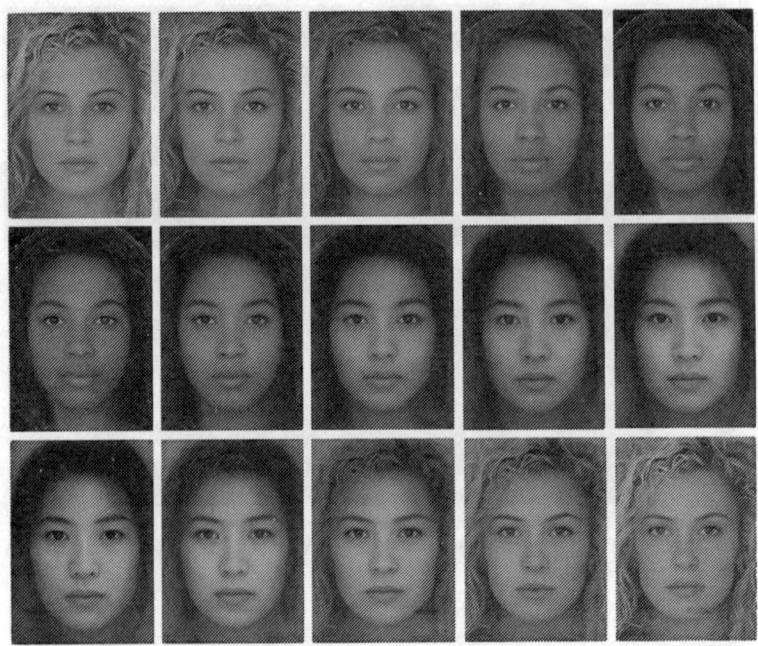

Synthèse multiethnique de 5 portraits de femmes. (Source : K. Grammer.)

Hors du commun

Si un visage moyen est plutôt agréable, certains visages s'écartant de la norme ne peuvent-ils pas le surpasser en beauté ? Au cours d'une étude menée au sein de l'Université de St. Andrews en Grande-Bretagne[6], on s'est aperçu que le visage considéré comme le plus beau n'était pas la moyenne

---

6. D. I. Perrett, K. May et S. Yoshikawa, « Attractiveness characteristics of female faces : preference for non-average shape », *Nature*, 368, 1994, p. 239-242.

de tous les visages mais plutôt la moyenne des visages eux-mêmes considérés comme les plus beaux. Partant d'un échantillon de 60 femmes âgées de 20 à 30 ans, les chercheurs ont composé deux images de synthèse : une image moyenne reprenant les 60 visages de l'étude et une image composite réalisée à partir des 15 visages jugés les plus attirants. Les résultats ont été les suivants : 90 % des hommes et des femmes interrogés — de types caucasien et japonais — ont préféré le visage correspondant à la moyenne des beaux visages. Si un visage moyen est globalement attirant, il n'est pas certain, en revanche, que ce soit le plus attirant, et nous serions peut-être moins attirés par des formes moyennes que sortant de l'ordinaire.

La même étude britannique a d'ailleurs proposé une seconde image composite réalisée en accentuant les caractéristiques des visages jugés les plus séduisants. Par exemple, si les yeux étaient plus larges sur le visage correspondant à la moyenne des beaux visages, on les élargissait encore davantage. On s'est aperçu, à cette occasion, que la nouvelle image composite l'emportait dans 70 % des cas sur l'image moyenne des femmes les plus séduisantes. Nos préférences iraient donc bien, finalement, vers des visages qui s'éloignent de la moyenne. Selon les chercheurs, il résulterait de cette pression esthétique une évolution des caractéristiques physiques concernant la forme des corps et des visages. Les traits physiques valorisés par notre société finiraient ainsi, à la longue, par s'imposer.

En somme, un beau visage serait reconnu par tout le monde sans être pour autant le visage de tout le monde. Certes, un physique moyen est curieusement agréable, mais nous trouvons encore plus beaux les hommes et les femmes qui se distinguent par des caractéristiques peu communes les éloignant de la moyenne.

La mondialisation des apparences

Certes, il n'existe pas de standard universel du beau. Chez les Matsigenkas[7], par exemple, petite tribu du Pérou qui compte quelque 300 membres, les critères de beauté ne sont clairement pas ceux des Occidentaux d'aujourd'hui : les hommes y préfèrent les femmes en forme de « tube » et plutôt enveloppées. Sans partir à l'autre bout de la Terre, en changeant simplement d'époque, on se rappellera qu'au XIXᵉ siècle, en France, les femmes voluptueuses étaient très appréciées. Leur surcharge pondérale serait actuellement considérée comme un signe de mauvaise santé. À l'inverse, il y a encore une quarantaine d'années, une femme d'une grande minceur semblait atteinte de tuberculose.

Néanmoins, en dépit des différences nationales, des variations dans le temps et des explications qu'on en donne, tout le monde s'accorde au moins sur un point : certains standards de beauté transcendent désormais les frontières géographiques, les cultures, les milieux sociaux et les sexes. Le modèle occidental s'est en effet imposé jusqu'en Afrique, en Asie ou en Amérique latine. S'imposent ses normes esthétiques, via la publicité, la télévision, le cinéma ou la presse.

À l'intérieur d'une même culture, on constate d'ailleurs un remarquable accord sur les standards de beauté et ces standards changent très lentement. On a ainsi demandé à des individus âgés de 7 à 50 ans de classer des photographies en fonction de la beauté des personnes photographiées et on a pu observer la forte convergence des classements opérés. Qui plus est, les classements restaient identiques quand on pré-

---

7. W. Yu et Glenn H. Shepard, « Is beauty in the eye of the beholder ? », *Nature*, 396, 26 novembre 1998, p. 321-322.

sentait les photos des mêmes personnes mais à des âges différents de leur vie[8].

Une vaste enquête a été menée au Canada entre 1977 et 1981 au cours de laquelle les mêmes photos étaient montrées pendant plusieurs années consécutives aux mêmes évaluateurs. Outre la convergence des classements opérés entre hommes et femmes, cette étude a permis de montrer que dans 93 % des cas, l'appréciation sur une échelle à 5 niveaux allant de « très séduisant » à « repoussant » ne changeait pas d'une année sur l'autre. La psychologue Marilou Bruchon-Schweitzer, qui a mené des études similaires en France, écrit ainsi : « On pourrait penser, à première vue, que nos préférences esthétiques vis-à-vis des corps et visages que nous côtoyons sont originales et individuelles. De très nombreuses études, réalisées dans divers pays et sur des sujets fort différents, montrent en réalité l'uniformité frappante des jugements de beauté que nous émettons, quelles que soient nos caractéristiques personnelles (âge, sexe, catégorie sociale, ethnie) et celles des sujets que nous évaluons[9]. »

Du masculin au féminin

Il est frappant de voir à quel point les avis concordent lorsqu'il s'agit de dire si un visage est laid, moyen ou beau[10].

---

8. E. Hatfield et S. Spreecher, *Mirror, Mirror... : the Importance of Looks in everyday Life*, Albany, New York State University Press, 1986.

9. M. Bruchon-Schweitzer, « Ce qui est beau est bon : l'efficacité d'un stéréotype social », *Ethnologie française*, XIX, 2, 1989, p. 111-117.

10. Bien entendu des désaccords surviennent souvent lorsque l'on évalue un seul visage au lieu de comparer des visages. En outre, il y a un accord sur le fait que telle personne est plutôt supérieure à la moyenne, pas forcément sur le fait qu'elle est la plus belle d'entre toutes.

Les visages d'hommes les plus appréciés offrent un mélange réussi de traits masculins — menton large, os des joues proéminents — et de traits féminins opposés aux stéréotypes de la virilité — yeux larges, petit nez, lèvres charnues. Les femmes d'aujourd'hui aiment les visages d'adolescents, tel celui de Leonardo DiCaprio dans *Titanic*, et valorisent, pour cette même raison, la faible pilosité, autre caractéristique enfantine ou féminine.

Les recherches menées depuis dix ans par l'équipe écossaise du professeur David Perrett ont permis de bien mesurer cette évolution des goûts qui a conduit à préférer de plus en plus nettement les hommes ayant une apparence plutôt féminine. Dans une de leurs études[11], les chercheurs donnaient la possibilité à des personnes des deux sexes de modifier par ordinateur un visage d'homme et un visage de femme (il s'agissait d'un visage composite, équivalant à la moyenne d'une centaine de visages). La souris de l'ordinateur permettait de transformer progressivement les deux visages en accentuant les traits masculins ou féminins. Les participants avaient pour seule consigne d'utiliser cette souris de manière à obtenir le visage qui leur semblait le plus attirant.

Globalement, les participants des deux sexes ont eu tendance à choisir des visages qui avaient été déformés dans un sens clairement féminin. Comme on pouvait s'y attendre, les hommes avaient une attirance pour les visages de femmes les plus féminins. Toutefois, quand on leur demandait de choisir une mère potentielle pour leurs enfants, ils optaient alors pour une image moins féminine... Quant aux femmes, elles préféraient des visages d'hommes plus fémi-

---

11. D. Perrett, « Effects of sexual dimorphism an facial attractiveness », *Nature*, 394, août 1998, p. 884-887.

nins de 15 à 20 % par rapport à la moyenne[12]. Et cette féminisation du standard de beauté était valable dans des contextes culturels différents puisque l'étude du professeur Perrett portait à la fois sur des Britanniques et des Japonais (or le Japon est un pays de culture très masculine selon l'anthropologue Geert Hofstede). S'agissant du visage, une norme androgyne, plutôt féminine et jeune, paraît donc s'imposer si l'on en croit plusieurs études, dont celle du professeur Perrett.

Toutefois, pour le moment, le visage revêt une importance plus stratégique pour les hommes que pour les femmes. On s'est aperçu que la publicité montrait la tête d'un homme dans 65 % des cas et celle d'une femme dans seulement 45 % des cas[13]. On montrait, en revanche, plus volontiers le corps ou la poitrine des femmes (49 % contre 24 % pour les hommes). Si le visage est censé révéler la dimension spirituelle de l'individu, par opposition au corps, siège de l'animalité, le message n'est alors pas difficile à comprendre. Visiblement, la publicité préfère valoriser l'attrait physique des femmes, lequel constitue un argument de vente ou, au moins, un motif d'intérêt.

La silhouette de rêve

Pour les femmes comme pour les hommes, il existe une norme relative au poids. Une extrême maigreur ou un poids

---

12. Les femmes jugent les hommes à l'aspect masculin plutôt négativement : ils seraient froids, malhonnêtes, feraient plus âgés et seraient a priori de mauvais pères. Les hommes d'apparence féminine n'auraient, eux, aucun de ces défauts.

13. D. Archer et alii, « Face-ism — 5 studies of sex-differences in facial prominence », Journal of Personality and Social Psychology, 45(4), 1983, p. 725-735.

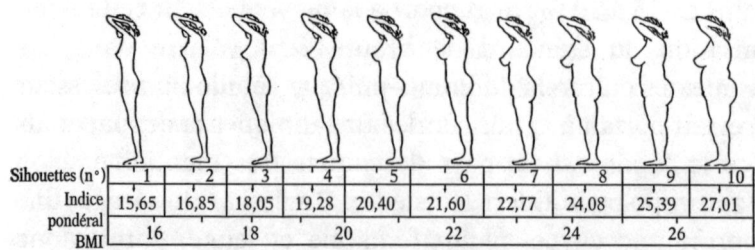

Sihouettes (n°)	1	2	3	4	5	6	7	8	9	10
Indice pondéral	15,65	16,85	18,05	19,28	20,40	21,60	22,77	24,08	25,39	27,01
BMI	16		18		20		22		24	26

La silhouette préférée par les hommes est la silhouette 5. La silhouette préférée par les femmes est la silhouette 4, encore plus mince. (Source : J. Maisonneuve et M. Bruchon-Schweitzer, 1999.)

excessif ne seront pas appréciés. Une enquête française[14] a ainsi voulu connaître les goûts des hommes et des femmes en matière de silhouette féminine. On présentait des silhouettes de profil correspondant à des femmes de même taille mais de poids variable. Les résultats ont montré que la femme préférée des hommes avait un « indice de masse corporelle[15] » de 20,4 tandis que celle préférée par les femmes, encore plus mince, se situait à 19,3.

L'indice de masse corporelle est aussi un critère de beauté masculine, mais ce n'est pas un critère majeur comme pour les femmes[16]. Ce qui compte, en effet, pour les hommes, c'est le rapport taille/torse — le « waist-to-chest ratio » des Anglo-Saxons[17]. Une étude publiée dans

---

14. A. Mouchès, « La représentation subjective de la silhouette féminine », Les Cahiers internationaux de psychologie sociale, 4/24, 1994, p. 76-87.

15. L'indice de masse corporelle est calculé en divisant le poids en kilo par le carré de la taille en mètre.

16. L'indice de masse corporelle est très important pour les femmes et compterait pour 74 % du jugement sur la beauté. M. J. Tovée et alii, « Optimal BMI = maximum sexual attractiveness », The Lancet, 352, 1998, p. 548.

17. Les femmes apprécient des hanches étroites avec un torse et des épaules larges ; soit, une forme en pyramide inversée.

The Lancet[18] a indiqué que ce ratio intervenait pour 56 % dans la variance totale de l'appréciation d'une belle silhouette masculine, contre 12,7 % pour l'indice de masse corporelle. Le rapport taille/hanche, lui, n'avait pratiquement aucune incidence alors qu'il est essentiel pour la silhouette féminine.

Le rapport taille/hanche, ou « waist-to-hip ratio », recoupe en grande partie l'indice de masse corporelle et il est particulièrement prisé quand il se situe entre 0,6 et 0,8. Une femme sera d'autant plus attirante aux yeux des hommes qu'elle se rapprochera de cette norme[19].

Les études ont été multipliées dans de très nombreux pays pour confirmer ce point. Le professeur Devendra Singh a ainsi interrogé un millier d'hommes âgés de 18 à 86 ans et venant de cultures et de milieux différents[20]. Il est apparu que les hommes préféraient les femmes minces qui avaient un rapport taille/hanche faible (l'idéal étant de 0,7) et, parmi ces dernières, celles dont la poitrine était plus importante[21]. En revanche, les femmes qui n'avaient pas un bon rapport taille/hanche étaient jugées peu attirantes, quel que soit leur tour de poitrine.

Un autre chercheur, Ronald Henss, a multiplié les mesures en utilisant des séries de photos légèrement modifiées par ordinateur. À partir de la photo originale d'une femme, il proposait une photo avec un rapport

18. D. S. Maisey *et alii*, « Characteristics of male attractiveness for women », *The Lancet*, 353, 1999, p. 1500.

19. D'ailleurs, le rapport taille/hanche de Cindy Crawford est de 0,69 (58/84), celui de Claudia Schiffer de 0,67 (62/92) et celui de Marylin Monroe de 0,61 (56/91,5).

20. D. Singh, « Body shape and women's attractiveness : the critical role of the waist-to-hip ratio », *Human Nature*, 4, 1993, p. 297-321.

21. D. Singh et R. K. Young, « Body weight, waist-to-hip ratio, breasts and hips : role in judgements of female attractiveness and desirability for relationships », *Ethology and Sociobiology*, 16, 1995, p. 483-507.

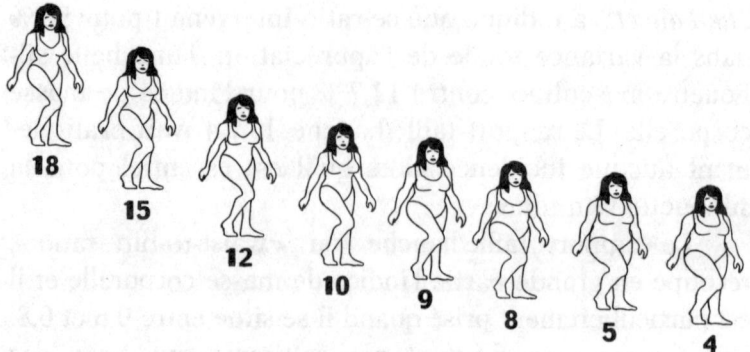

Les silhouettes préférées sont notées :
18 : mince, rapport taille/hanche de 0,7 et gros seins
15 : mince, rapport taille/hanche de 0,7 et petits seins
12 : mince, rapport taille/hanche de 1 et gros seins
10 : mince, rapport taille/hanche de 1 et petits seins
9 : grosse, rapport taille/hanche de 0,7 et petits seins
8 : grosse, rapport taille/hanche de 0,7 et petits seins
5 : grosse, rapport taille/hanche de 1 et gros seins
4 : grosse, rapport taille/hanche de 1 et petits seins
(D'après Singh et Young, 1995.)

taille/hanche plus élevé et une autre photo avec un rapport taille/hanche plus faible. Il pouvait ainsi s'assurer que pour une même femme, la simple variation du rapport taille/hanche, et rien d'autre, suffisait à provoquer l'intérêt ou le rejet.

Les résultats ont montré que seules les femmes au rapport taille/hanche faible — entre 0,7 et 0,8 — étaient jugées attirantes[22]. Qui plus est, ces femmes étaient jugées exactement avec les mêmes critères par les populations des deux

22. R. Henss, « Waist-to-hip ratio and attractiveness. Replication and extension », *Personality and Individual Differences*, 19, 1995, p. 479-488.

sexes de l'étude. Cette convergence des préférences confère au rapport taille/hanche un rôle central et un pouvoir quasi dictatorial. Non seulement les femmes rejoignent les hommes dans leur jugement, mais elles durcissent leurs exigences[23] et se rêvent avec un corps idéal, plus mince encore que ne le souhaitent les hommes.

Exposées au déferlement d'images retouchées représentant des mannequins, souvent remodelées artificiellement, les femmes sont convaincues, dès leur très jeune âge, que leur propre corps n'est pas satisfaisant. On sait qu'autour de 7 ans, les petites filles ont, comme les garçons, une bonne opinion de leur physique. Malheureusement, ce jugement se détériore au fil des ans alors qu'il reste à peu près le même chez les garçons jusqu'à l'âge adulte. Actuellement, 60 % des adolescentes se trouvent trop grosses et 20 % seulement sont satisfaites de leur corps. Et cette mauvaise opinion ne va pas en s'améliorant avec le temps, bien au contraire ! La perception que les femmes ont de leur corps est très négative : en France, 70 % d'entre elles se trouvent trop grosses alors que les hommes ne sont que 30 % à le penser !

Cette mauvaise appréciation de soi-même, en même temps qu'elle est cause de souffrance, attaque violemment l'estime de soi, laquelle est capitale dans le bien-être et la réussite professionnelle ou le succès amoureux[24]. On peut d'ailleurs penser que cette fragilité, induite par une auto-dépréciation constante depuis l'enfance, joue un rôle dans l'inégalité d'accès des femmes aux fonctions élevées.

---

23. D. G. Myers, *Traité de psychologie*, Paris, Flammarion, 1998.
24. C. André et F. Lelord, *L'Estime de soi*, Paris, Odile Jacob, 1999.

Le beau et le sain

Ce fameux rapport taille/hanche, qui s'est imposé comme un critère esthétique de premier ordre, est désormais aussi un critère de bonne santé. Une silhouette en forme de « pomme », où le poids est concentré autour de la taille, sera corrélée à des risques de maladie plus élevés qu'une silhouette en forme de « poire » où le poids est plutôt situé sur les hanches. Sur le plan de la santé, on considère qu'un rapport taille/hanche inférieur à 0,8 est hautement souhaitable pour les femmes. Pour les hommes, le ratio de 0,9 ou de 0,95 est un maximum. Au-delà de 1, des mesures s'imposent.

En les recoupant, les critères de bonne santé confèrent aux normes esthétiques une grande force. En 1998, les professeurs Singh et Henss ont demandé à des individus de sexe masculin, âgés de 8 à 37 ans et vivant dans différents pays (Allemagne, Inde, États-Unis), de dire quelles femmes leur semblaient en bonne santé, attirantes et susceptibles de faire de bonnes épouses. Au vu des photos qui leur étaient montrées, les hommes interrogés ont désigné les femmes dont le poids était dans la moyenne et qui avaient le rapport taille/hanche le plus bas.

De même, en France, on a demandé à 60 filles et 60 garçons étudiants de classer par ordre de préférence des photos de nus féminins et de sélectionner, pour chaque série de six images, les deux plus belles et les deux plus laides[25]. Or, non seulement le goût des 120 personnes interrogées s'est révélé extrêmement proche, mais on n'a constaté aucune divergence majeure entre les deux sexes : d'un côté comme de

---

25. M. Bruchon-Schweitzer et J. Maisonneuve, *Modèles du corps et psychologie esthétique*, Paris, PUF, 1981.

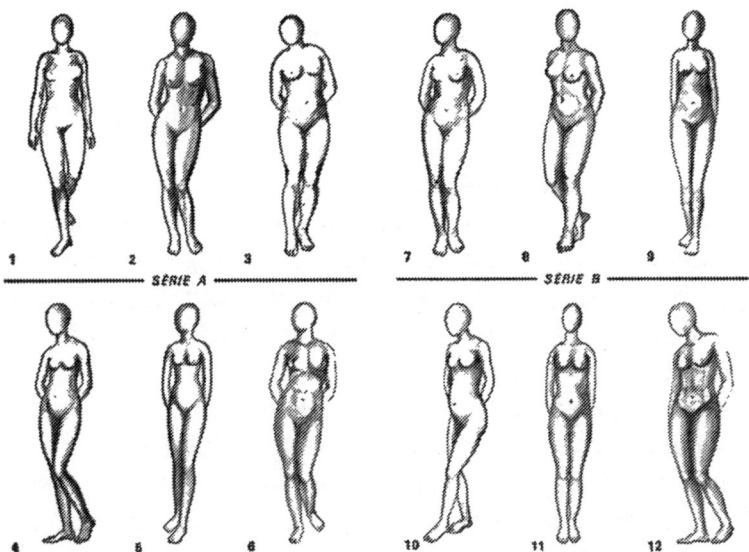

Dans la série A, la figure préférée est la 1 (72 voix : 33 hommes et 39 femmes). La figure 6 rassemble 64 voix (34 hommes et 30 femmes). La figure 2 plaît à 57 personnes (32 hommes et 25 femmes). Les figures rejetées sont les 3 autres, en particulier la figure 3 (85 rejets).
Dans la série B, les figures préférées sont les 7 et 12 (59 voix pour chacune). Vient ensuite la figure 11 (44 voix). Les figures qui plaisent le moins sont la 10 (61 rejets), la 8 (53 rejets) et la 9 (49 rejets).
(Source : J. Maisonneuve et M. Bruchon-Schweitzer, 1999).

l'autre, les femmes les plus rondes étaient rejetées tout comme les plus maigres.

Il ne faudrait pas croire qu'il s'agit là du goût d'une jeunesse privilégiée appartenant à des groupes sociaux favorisés ou que les jeunes générations ont des préférences esthétiques bien à elles. On a, en effet, obtenu des résultats similaires auprès d'ouvriers et d'ouvrières français de différents âges[26].

26. J. Maisonneuve, « Modèles du corps et goûts esthétiques », *Psychologie française*, 30/1, 1985, p. 79-87.

Des normes très standard

Certes, des nuances peuvent exister, mais toutes les études, et elles sont légion outre-Atlantique[27], confirment qu'il existe des normes stables et claires commandant l'apparence physique. Ces normes sont indépendantes de la nationalité, de la classe sociale et même de l'âge, puisque des nourrissons de 2 ou 3 mois, à qui l'on montre des images de personnes plus ou moins belles, sont attirés par les plus belles ! On sait aussi que les bébés regardent plus longuement un beau visage qu'un visage laid. Dès l'âge de 3 ans, un enfant commence à connaître plus précisément les normes et, à 6 ans (un peu plus tôt pour les filles), il classe les individus qui l'environnent du plus laid au plus beau de la même manière que les adultes.

Les enfants, les femmes et les hommes ont donc des jugements très convergents. Si on leur demande de classer des individus sur une échelle de 1 à 5, du plus laid au plus beau, on obtiendra ce classement[28].

Beaux et laids : la répartition

5 : extrêmement belle apparence : 8 % de la population
4 : apparence supérieure à la moyenne : 17 %
3 : apparence moyenne : 50 %
2 : apparence plutôt inférieure à la moyenne : 17 %
1 : apparence très inférieure à la moyenne : 8 %

---

27. R. Lerner et E. Gellent, « Body build identification, preference and aversion in children », *Developmental Psychology*, 1, 1969, p. 456-462 ; A. Furnham, « The role of body weight, wais-to-hip ratio, and breast size in judgments of female attractiveness », *Sex Roles*, août 1998.
28. B. Murstein, « Physical attractiveness and marital choice », *Journal of Personality and Social Psychology*, 22/1, 1972, p. 8-12.

Les standards du beau sont intériorisés par chacun d'entre nous, comme l'a montré l'expérience originale du professeur allemand Ronald Henss[29]. On commence par montrer à 240 personnes, de différents âges, 21 photos d'hommes et 21 photos de femmes de différents âges et les personnes interrogées notent chaque photo après avoir observé l'ensemble. Dans un second temps, on montre ces mêmes photos à 924 autres personnes. Seulement, cette fois, chaque personne interrogée ne note qu'une seule photo : elle ne peut donc établir de comparaisons pour fixer sa note. On constate alors que les deux notes obtenues pour une même photo sont très similaires. Les normes esthétiques sont donc suffisamment ancrées pour ne pas être dictées par des comparaisons. Nous savons ce qu'est une belle personne ou un individu laid et nous l'évaluons d'une manière qui ne varie pas au gré des circonstances.

Des seins aux normes

Notre jugement rapide et sans appel sur le beau et le laid obéit à des standards et des normes. Le sociologue Jean-Claude Kaufmann s'est plus particulièrement intéressé aux standards de beauté qui concernent les seins[30] et a voulu connaître les critères utilisés par les hommes et les femmes pour établir leur classement quand ils sont sur la plage. « La plage n'a que le mot beauté à la bouche. Mais quelle beauté ?

---

29. R. Henss, « Kontexteffekte bei der beurteilung der physischen attraktivität », *in* M. Hassbrauck et R. Niketta (éd.), *Physische Attraktivität*, Göttigen, Hogrefe, 1993, p. 61-94.
30. J.-C. Kaufmann, *Corps de femmes-regards d'hommes (sociologie des seins nus)*, Paris, Nathan, 1995.

L'harmonie des formes, innombrables, variées, toujours à découvrir ? La création du beau par le regard qui sait le voir partout où il ne semblait pouvoir être ? La beauté d'un corps ridé par les ans ? La force d'un caractère esthétique qui impose son individualité ? Non ! Ce n'est pas de cette beauté que parle la plage, mais presque de son contraire. Non de la richesse créative et foisonnante, mais d'un code étroit, unique, instrument de classement hiérarchique à partir d'un nombre réduit d'oppositions binaires : haut-bas, ferme-flasque, petit-gros. »

Les jugements sont péremptoires, comme si l'évidence de la beauté ou de la laideur permettait de se dispenser d'appréciations précises. Les critères qui permettent de classer les seins sont largement intériorisés et implicites : il y a le volume, la fermeté et la hauteur, en sachant que la fermeté se rapporte en réalité au critère central que constitue la hauteur du sein. « Plus le sein pointe vers le haut, plus il est beau ; plus il tombe, plus il est laid. » Il est frappant de constater à quel point le standard est solide et sommaire. Comme le souligne Kaufmann, « la réduction de la beauté à un code étroit est d'autant plus paradoxale pour les seins que leur diversité morphologique est particulièrement intense : ils sont aussi individualisés que les visages ».

Les goûts et préférences, notamment masculins, n'en sont pas moins diversifiés, selon les personnes et même selon les contextes. On notera, pour finir, que ces goûts, ou normes esthétiques, ont considérablement évolué au gré des époques : seins fermes et menus au Moyen Âge, seins opulents à la Renaissance, seins mous et portés bas au second Empire, seins plats à la garçonne des années 1920, seins toujours plus hauts aujourd'hui...

Codes du vêtement, beauté et distinction

Tout comme le visage, la silhouette ou la forme et le volume des seins, le reste de l'apparence — vêtement, maquillage, coiffure, etc. — fait l'objet de normes. Le vêtement est clairement influencé par des codes sociaux : si la beauté physique est reconnue universellement, un « look » réussi dépendra, lui, largement des milieux où évolue l'individu.

Les habitudes vestimentaires, cosmétiques ou capillaires diffèrent selon les groupes sociaux. Au Kenya, les femmes portent des colliers qui sont d'autant plus grands que leur statut social (en fait, celui de leur mari) est élevé. Dans d'autres tribus africaines, ce sont les hommes qui portent des marques de couleur variant suivant leur âge, c'est-à-dire leur statut social. De la même façon, dans nos sociétés, chacun sait que les cadres moyens ne sont pas habillés de la même manière que les chefs d'entreprise.

Toutefois, ces différences ne signifient pas que toutes les habitudes vestimentaires soient pareillement valorisées. Certes, tous les goûts sont dans la nature, mais les goûts de la classe dirigeante, de la « upper class », sont jugés meilleurs[31]. L'apparence des riches ou de ceux qui se situent en haut de l'échelle sociale constitue un modèle pour les autres. Ce qui est beau ou à la mode est, à un moment donné, ce que les plus nantis, ou certaines élites, ont défini comme tel. Il sera valorisé et, éventuellement, imité par les groupes sociaux les moins favorisés même si, comme le souligne Georg Simmel, les qualités esthétiques de cette mode ne sont pas évidentes *a priori*.

---

31. Pierre Bourdieu l'a fort bien développé et expliqué dans *La Distinction, critique sociale du jugement*, Paris, Minuit, 1979.

Le vêtement des riches a longtemps été reconnaissable à son inadaptation à un usage laborieux : tenue et chaussures de tennis blanches, habit entravant les mouvements, tissus salissants ou fragiles, chaussures limitant la marche... Récemment, les vêtements et les accessoires populaires, c'est-à-dire fonctionnels et utilisables pour le travail, se sont diffusés dans les classes favorisées qui les ont adaptés et détournés. Tout a commencé avec le pantalon, puis le jean. Ensuite s'est répandue la vogue du « work wear » : bleus de travail (salopette), Dock Martins (vraies/fausses chaussures de dockers), vêtements et chaussures de chantier Caterpillar, cirés de marin, vêtements militaires, etc. Ce « look » repose, bien entendu, sur l'utilisation de matériaux, de coloris ou de formes qui distinguent le vrai vêtement de travail du « work wear ». Tout le raffinement est dans le détournement.

Il existe des normes et des règles non écrites, mais bien connues, qui définissent ce qui est convenable, de bon goût et qui dénote l'appartenance au beau monde. Ces standards sont assez stables pour servir de marqueurs sociaux : au premier coup d'œil, chacun sait à qui il a affaire. Cette opération de décryptage des apparences fonctionnait déjà au XIXe siècle. « Au bal de l'Opéra, écrit Balzac, les différents cercles dont se compose la société parisienne se retrouvent, se reconnaissent et s'observent. Il y a des notions si précises pour quelques initiés, que ce grimoire d'intérêts est lisible comme un roman qui serait amusant. » Ainsi, le personnage de Lucien de Rubempré frappe par sa beauté et son apparence ne manque pas d'être décodée par tous. « Pour les habitués, cet homme ne pouvait [...] pas être en bonne fortune, il eût infailliblement porté quelque marque convenue, rouge, blanche ou verte, qui signale les bonheurs apprêtés de longue main. » Néanmoins, « tout en lui signalait les habitudes d'une vie élégante [...]. Sa mise, ses manières étaient irréprochables, il foulait le parquet classique du foyer en habitué de l'Opéra. »

En France, l'apparence physique et vestimentaire est un redoutable révélateur. Les sociétés européennes ont, en effet, hérité d'une longue tradition de différenciation des groupes sociaux selon le vêtement. Aux États-Unis, en revanche, où les distinctions dues à la naissance sont quasi absentes au XVIIIe siècle et au début du XIXe, une norme vestimentaire unique, définie par la bourgeoisie, s'est imposée à tous. Comme le note Max Weber, « jadis, dans un club typiquement américain, personne ne se serait souvenu que deux des membres en train de disputer une partie de billard étaient respectivement patron et employé. Ici régnait l'égalité absolue des gentlemen[32] ». Max Weber cite un autre trait de cet égalitarisme : « La femme du syndicaliste, accompagnant son mari au lunch, se serait entièrement conformée, toilette et manières — en plus simple et plus gauche —, aux dehors d'une dame de la bourgeoisie. Dans cette démocratie, quelle que fût sa position, celui qui voulait être pleinement reconnu devait, bien entendu, se conformer aux conventions de la société bourgeoise — y compris la plus stricte des modes masculines. »

Dans l'Amérique de Weber, les normes régissant l'apparence n'ont donc pas totalement disparu. Toutefois, l'apparence vestimentaire est une condition nécessaire mais pas suffisante pour être reconnu, respecté et pour inspirer confiance. Ce n'est pas un marqueur social assez fiable et assez fin. Or la vie sociale implique que l'on sache « à qui on a affaire », c'est-à-dire que l'on puisse apprécier d'un coup d'œil la place de l'autre dans l'échelle de stratification[33].

---

32. M. Weber, *L'Éthique protestante et l'esprit du capitalisme*, Paris, Plon, 1964 (1re édition 1920).

33. La religiosité de la société américaine trouve une partie de son origine dans l'affaiblissement des signaux que constituent en France et en Allemagne les vêtements, les gestes, les titres et distinctions honorifiques. Voir R. Boudon, *Le Sens des valeurs*, Paris, PUF, 1999.

On notera néanmoins que, pendant longtemps, les gentlemen américains arboraient une rosette à la boutonnière qui permettait au premier coup d'œil d'apprendre ce que l'habit, trop commun, n'avait pas révélé spontanément. Cette petite distinction, précise Weber, était le signal le plus sûr des qualités d'une personne. « Elle voulait dire "je suis un gentleman breveté après enquête et probation, je suis dûment garanti en tant que membre". Et cela signifiait de surcroît qu'on pouvait accorder crédit, au sens le plus strict du terme, au porteur de l'insigne. » Depuis, l'Amérique est devenue moins égalitaire et des outils de distinction « à l'européenne » sont apparus : l'affiliation à un club aristocratique, le type d'habitation (et la rue dans laquelle on habite), les vêtements, le sport.

Le social marque nos chairs

Nous avons jusqu'ici distingué un peu schématiquement le corps, obéissant à des standards désormais internationaux et constituant une sorte d'héritage biologique pour chacun, et sa parure, laquelle est une construction sociale. Précisons tout de suite que le corps est lui-même modelé et construit socialement. Comme l'écrit Philippe Perrot, « l'indigence, le labeur, les maternités, la maladie marquent, usent, tordent les corps, les plient, les voûtent, les rident précocement, là où l'aisance, l'oisiveté et la santé permettent de les entretenir, de les conserver plus frais, plus lisses et plus droits. Se dépose ou s'imprime ainsi dans les chairs — et jusqu'aux os — le texte de leur histoire, les stigmates de leur origine, les empreintes de leur trajectoire, voire les indices de leur destinée[34] ».

---

34. P. Perrot, *Le Travail des apparences — le corps féminin XVIIIᵉ-XIXᵉ siècle*, Paris, Seuil, 1984.

Nous savons, par exemple, que le poids des individus et leur taille sont différents selon les groupes sociaux et que cette caractéristique est un attribut entretenu ou fabriqué : on évite aujourd'hui l'obésité pour signaler un mode de vie et des pratiques alimentaires distinctives, tout comme on était gros dans le passé pour signifier sa richesse. Comme le note encore Perrot, « les signes d'appartenance et les clivages se lisent sur les corps d'une même formation sociale à un moment déterminé, sur des peaux plus ou moins traitées, sur des dents, des oreilles ou des yeux plus ou moins soignés, sur un maintien plus ou moins conforme, sur un ensemble plus ou moins construit, manipulé, maîtrisé, accordé au modèle à suivre[35] ».

Même l'exposition à des conditions de travail plus ou moins pénibles inscrit sur le visage des traits caractéristiques. Les rides qui en résultent seront interprétées et donneront lieu à des classements sociaux, des jugements de beauté et des stéréotypes relatifs à la personnalité[36]. Les mains, aussi, seront révélatrices de l'existence menée et susciteront nombre de préjugés. Même la façon de se mouvoir, les gestes que l'on fait, les postures que l'on adopte dénotent la condition sociale, tout en reflétant parfois l'appartenance nationale. À l'instar des canons de beauté physique ou des modes vestimentaires, on constate même aujourd'hui la diffusion de certains standards de gestuelle. L'existence de ce phénomène n'est pas si récente, puisque Marcel Mauss l'évoquait déjà en 1936 : « Une sorte de révélation me vint à l'hôpital. J'étais malade à New York. Je me demandais où j'avais déjà vu des demoiselles marchant comme mes infirmières. J'avais le temps d'y

---

35. *Ibid.*
36. M.-A. Descamps, *Le Langage du corps et la communication corporelle,* Paris, PUF, 1993.

réfléchir. Je trouvai enfin que c'était au cinéma. Revenu en France, je remarquai, surtout à Paris, la fréquence de cette démarche ; les jeunes filles étaient françaises et elles marchaient aussi de cette façon. En fait, les modes de marche américaine, grâce au cinéma, commençaient à arriver chez nous[37]. »

Une forme de domination

Le physique, l'apparence générale ou certains détails particuliers signalent une origine ou un statut social, et on les interprète immanquablement comme des signaux sociaux. Or le modèle dominant d'apparence est précisément celui qui nous semble beau. Nous établissons inconsciemment un lien entre la beauté et le rang social ou la réussite, comme si les gens de statut social élevé étaient beaux.

Ce n'est évidemment pas que les gens riches ou puissants soient dotés d'un physique au-dessus de la moyenne. En revanche, ils satisfont nécessairement mieux aux critères qu'ils ont eux-mêmes élaborés et imposés, qu'il s'agisse de la coiffure, du vêtement, de la gestuelle ou du maquillage. Même leur corps est modelé par leurs pratiques : habitudes alimentaires, sports, conditions de travail. On mesurera le fossé entre la classe bourgeoise et la classe laborieuse si on songe aujourd'hui aux travailleurs exposés aux intempéries et qui portent des bottes, des casques ou des casquettes pour des raisons professionnelles.

Les critères du convenable et du beau sont fixés par ceux qui disposent du pouvoir de les imposer aux autres groupes sociaux, lesquels doivent s'efforcer de les imiter.

---

37. M. Mauss, *Sociologie et Anthropologie*, Paris, PUF, 1950.

Ainsi se sont imposées au XIXe siècle des formes toutes en rondeur pour les femmes, ce qui correspondait aux standards de la bourgeoisie de l'époque (modèle de la femme d'Ingres), alors que les ouvrières étaient plutôt minces. Aujourd'hui, les groupes les plus favorisés valorisent une relative minceur en rapport avec leur mode de vie et les ouvrières ne sont plus les plus minces : les femmes les moins favorisées sont même plus souvent obèses.

Les critères esthétiques sont une opération de « distinction » pour ceux qui détiennent, à un moment donné, le pouvoir culturel ou économique. La définition de la beauté est en grande partie une construction sociale. Cette construction aboutit à une opération de classement tout à fait arbitraire des individus. Et le consensus qui existe sur la beauté et la laideur renforce, à son tour, nos normes sociales en accordant tout aux uns et en refusant le minimum aux autres, comme si des qualités ou des défauts s'attachaient réellement aux apparences. Convaincus que « ce qui est bon est beau », selon la formule de Sappho, nous refusons presque tout aux laids.

Responsable de son « look »

Aujourd'hui, si la mondialisation et la diffusion des normes esthétiques à travers le monde laissent moins de place à la diversité, si les critères occidentaux se généralisent et s'imposent, les standards sont néanmoins plus complexes que par le passé. Il n'y a plus d'uniformes stables et bien connus, mais plutôt une série de « looks » entre lesquels il faut choisir. On se distingue désormais par une marque, un styliste, un créateur ou une boutique. Comme le souligne le sociologue Paul Yonnet, « chacun est à présent considéré comme responsable de l'image qu'il donne de lui-même, y compris quand il choisit d'en rester à une expression dite utilitaire ou passe-partout, simple version du refus d'entrer dans une compétition autrement lourde de conséquences que les précédentes[38] ». Le vêtement est devenu une manifestation des préférences de chacun.

On aurait pu croire que la moindre utilisation des costumes et des uniformes professionnels signifiait un relâchement des normes, une sorte d'affranchissement des pesanteurs sociales liées à l'apparence. Il n'y a plus, notait déjà Émile Durkheim au début du siècle, de type physique propre à un métier ou aux membres d'une même communauté, une même sorte de vêtement et une manière identique de porter ou de ne pas porter la barbe, de se couper la barbe de telle ou telle façon et d'avoir les cheveux ras ou longs[39]. Certains costumes professionnels ont en effet disparu en même temps que les métiers auxquels ils correspondaient, mais les fonctions et les statuts d'aujourd'hui comportent également leurs codes vestimentaires et leurs codes d'apparence : on sait reconnaître un cadre, un instituteur ou un boucher. La lisibilité des différents groupes et catégories sociales est simplement réduite pour une raison que Durkheim avait posée : « Les dissemblances fonctionnelles ne font que devenir plus nombreuses et plus prononcées. »

Les normes qui régissent l'apparence des individus au sein des différents groupes sociaux n'ont pas disparu avec le costume professionnel, elles sont devenues plus nombreuses et plus raffinées. La modernité, entendue comme un accroissement de la différence fonctionnelle, accentue ce phénomène. Du coup, partout, on note, avec l'avènement de la notion de « look », une complexification croissante des codes sociaux

---

38. P. Yonnet, *Jeux, modes et masses*, Paris, Gallimard, 1985.
39. É. Durkheim (1895), *De la division du travail social*, Paris, PUF, « Quadrige », 1998.

relatifs à l'apparence. Désormais, l'apparence dévoile, plus que par le passé, des « vérités intérieures », une personnalité.

Par-delà les normes sociales qui restent fortes et se déclinent avec une finesse accrue selon les groupes sociaux, on observe donc une certaine personnalisation ou individualisation des apparences. Les individus sont comptables de leur apparence et de leur beauté qui est le présage d'une beauté intérieure. Comme le remarque Jean Baudrillard[40], la beauté n'est plus seulement un effet de nature, un surcroît aux qualités morales. Elle est devenue « LA qualité fondamentale, impérative, de celles qui soignent leur visage et leur ligne comme leur âme ». La beauté est un signe « d'élection et de salut ».

---

40. J. Baudrillard, *La Société de consommation*, Paris, Denoël, 1970.

Chapitre 2

ON NE PRÊTE QU'AUX BEAUX

> « La beauté physique est le signe d'une beauté intérieure,
> d'une beauté morale et spirituelle. »
> SCHILLER, 1882.

Ange ou démon ? Quelles sont les qualités ou les défauts attribués aux beaux et aux laids, aux personnes hors normes et aux gens ordinaires ? La réponse à cette question change évidemment selon les époques et les cultures. Les préjugés ne sont pas immuables.

Au Moyen Âge, la littérature courtoise loue la beauté dans ses chansons et ses poèmes : on assimile complètement et sans hésitation le beau et le bien. L'héroïne est belle et aimable ; le héros est beau, valeureux et chevaleresque. Vers 1230, ce type d'assimilation disparaît du roman courtois, sinon des esprits. Se répand l'idée contraire : la beauté, perfide tromperie, cache le vice, l'hypocrisie, la tentation. Le démon se dissimule dans le corps des femmes. Avec la Renaissance, ressurgit l'association du beau et du bon. En 1678, Mme de La Fayette raconte dans *La Princesse de Clèves* comment le duc de Nemours, à la beauté notoire, savait fort bien en jouer et combien son apparence flatteuse majorait aux yeux de tous l'étendue de ses qualités : « Ce prince était fait d'une sorte qu'il était difficile de n'être pas surprise de le voir quand on ne l'avait jamais vu, surtout ce soir-là, où le soin qu'il avait pris de se parer augmentait encore l'air brillant qui était dans sa personne ; mais il était difficile aussi de voir Madame de Clèves pour la première fois sans avoir un grand étonnement. »

L'apparence ne laisse jamais indifférent et une belle personne fascine, en particulier, parce qu'on la croit bonne. Cette association spontanée et largement inconsciente du beau et du bien est d'ailleurs ancienne, puisqu'elle remonte à la philosophie grecque. La beauté est alors intimement associée au bien et au vrai (c'est le point de vue développé par Platon dans *Le Banquet*). La religion catholique procède également souvent à cette forme d'assimilation. En témoigne la lettre aux artistes du pape Jean Paul II datée du 4 avril 1999. Il y est fait référence à la Bible : « Dieu vit que cela était bon, Dieu vit aussi que cela était beau » et à Dostoïevski : « La beauté sauvera le monde » pour inviter au renouvellement de la création artistique. La beauté et la recherche de la beauté ne sont pas condamnables : ce sont des moyens de communiquer avec les autres, de magnifier l'homme et d'accéder à Dieu.

Aujourd'hui, dans notre société, on ne prête qu'aux beaux, c'est-à-dire qu'on leur suppose toutes les qualités. Aux autres, il est conféré, dès le premier regard, beaucoup... de défauts, de limites ou de vilenies. Certains individus exercent une fascination alors que d'autres sont rejetés et marqués comme s'ils portaient de véritables « stigmates ». Dans *La Lettre écarlate*, Nathaniel Hawthorne raconte comment l'adultère de l'héroïne est signalé aux yeux de sa communauté par le port d'une marque infamante (un A de couleur rouge). De nos jours, les stigmates sont aussi nombreux, et s'ils sont plus discrets, ils n'en sont pas moins très largement utilisés dans la vie courante. Comme le souligne le sociologue Erving Goffman, « lorsqu'un inconnu se présente à nous, ses premières apparitions ont toutes chances de nous mettre en mesure de prévoir la catégorie à laquelle il appartient et les attributs qu'il possède, son identité sociale, pour employer un terme meilleur que celui de statut social, car il s'y inclut des attributs personnels tels que "l'honnêteté", tout autant que des attributs structuraux comme la profession[1] ».

La liste des qualités accordées sur leur « bonne mine » aux individus est impressionnante. À dire vrai, il n'y a guère de domaines où les hommes et les femmes au physique agréable ne soient tenus *a priori* pour plus performants. Les stéréotypes sont bien connus et bien ancrés. Ils ont été identifiés par différentes études, menées sur des échantillons très variés, qui en ont testé la généralité et la force. Voici un florilège de ces qualités dont les belles personnes sont immédiatement créditées sans inventaire plus approfondi[2] :

• Les belles personnes seraient plus sociables et se feraient facilement de nombreux amis.

• Les belles personnes seraient plus masculines quand ce sont des hommes ou plus féminines si ce sont des femmes[3].

• Les belles personnes auraient une sexualité épanouie et de multiples partenaires.

• Les belles personnes feraient ou auraient fait un mariage réussi.

• Les belles personnes seraient peu querelleuses et très équilibrées.

---

1. E. Goffman, *Stigmates*, Paris, Minuit, 1975.

2. Nous utilisons pour dresser cet inventaire plusieurs articles de synthèse particulièrement complets ; ces articles ont répertorié près de *200 expériences* et des publications plus récentes permettent encore d'allonger la liste. L. A. Jackson *et alii*, « Physical attractiveness and intellectual competence : a meta-analytic review », *Social Psychology Quarterly*, 58, 2, 1995, p. 108-122. A. Feingold, « Good-looking people are not what we think », *Psychological Bulletin*, 111, 2, 1992, p. 304-341.

3. Leur éventuelle homosexualité n'est pas envisagée *a priori* à la différence de personnes moins séduisantes. Étude menée sur le campus de l'Université d'Albany aux États-Unis. J. H. Dunkle et P. L Francis, « Physical attractiveness stereotype and the attribution of homosexuality revisited », *Journal of Homosexuality*, 30, 3, 1996, p. 13-29.

• Les belles personnes auraient une santé mentale excellente.

• Les belles personnes sauraient naturellement commander et dominer.

• Les belles personnes seraient aussi plus sensibles et attentives.

• Les belles personnes seraient plus intelligentes et leurs opinions auraient plus de poids.

• Les belles personnes auraient beaucoup d'ambition et feraient une belle carrière.

• Les belles personnes seraient plus heureuses que les autres.

Il y a évidemment une qualité qu'on ne reconnaît pas aux belles personnes, c'est la modestie..., ce qui ne surprendra personne compte tenu de l'avalanche de qualités qui leur sont attribuées. Ceux qui sont d'un physique ingrat jugeront que les beaux sont des personnes égoïstes et superficielles, indifférentes aux malheurs du monde, infidèles et plutôt portées sur le divorce. Les quelques défauts attribués aux beaux sont de l'ordre de la performance : ils multiplient les aventures extraconjugales ; ils sont suffisamment ambitieux et s'estiment assez pour s'autoriser à ne pas être modestes ; ils sont capables de tromper et d'escroquer les gens en leur inspirant confiance... Pour un peu, on valoriserait presque le filou de haut vol, habile et jamais pris, qui ne recourt pas à la violence mais à l'intelligence et au charme. Arsène Lupin est bien un escroc sympathique et séduisant, alors que le personnage du méchant, criminel ou voleur habituellement, possède d'ordinaire un physique peu avenant. Il a, comme on dit, « la gueule de l'emploi ».

À ces nombreux préjugés s'ajoutent tous les stéréotypes qui concernent, cette fois, non pas les beaux ou les laids, mais différents types d'apparence. Nous avons des préjugés sur les grands et les petits, les gros et les minces, ceux qui ont telles rides, telle forme de mains, telle couleur de cheveux, qui portent tel vêtement ou tel accessoire. Ainsi la silhouette, qui intervient pour une bonne part dans l'attrait physique et le sentiment de beauté, est à l'origine de stéréotypes multiples et on constate qu'aux trois grands types de morphologie endomorphe ou gros ; ectomorphe ou maigre ; mésomorphe ou musclé, sont associés de prétendus traits de personnalité. En voici un exemple[4] :

Silhouette d'homme	Silhouette de femme
(les chiffres sont des réponses brutes)	
Traits désirables : 76 Dynamique : 45 Sportif : 20...	Traits désirables : 115 Décidée : 60 Sûre d'elle : 42 Sociable : 13...
Traits indésirables : 66 Timide : 22 Prétentieux : 21 Agressif : 10...	Traits indésirables : 42 Fière : 18...

LES QUALITÉS DES MUSCLÉS (mésomorphes)

Silhouette d'homme	Silhouette de femme
(les chiffres sont des réponses brutes)	
Traits désirables : 55 Gentil : 21 Calme : 17...	Traits désirables : 76 Maternelle : 19 Gentille : 15 Bonne vivante : 14 Forte : 10...
Traits indésirables : 92 Mou : 74...	Traits indésirables : 63 Négligée : 36 Complexée : 17...

LES QUALITÉS DES GROS (endomorphes)

---

4. M.-A. Descamps, *Le Langage du corps et la communication corporelle, op. cit.*

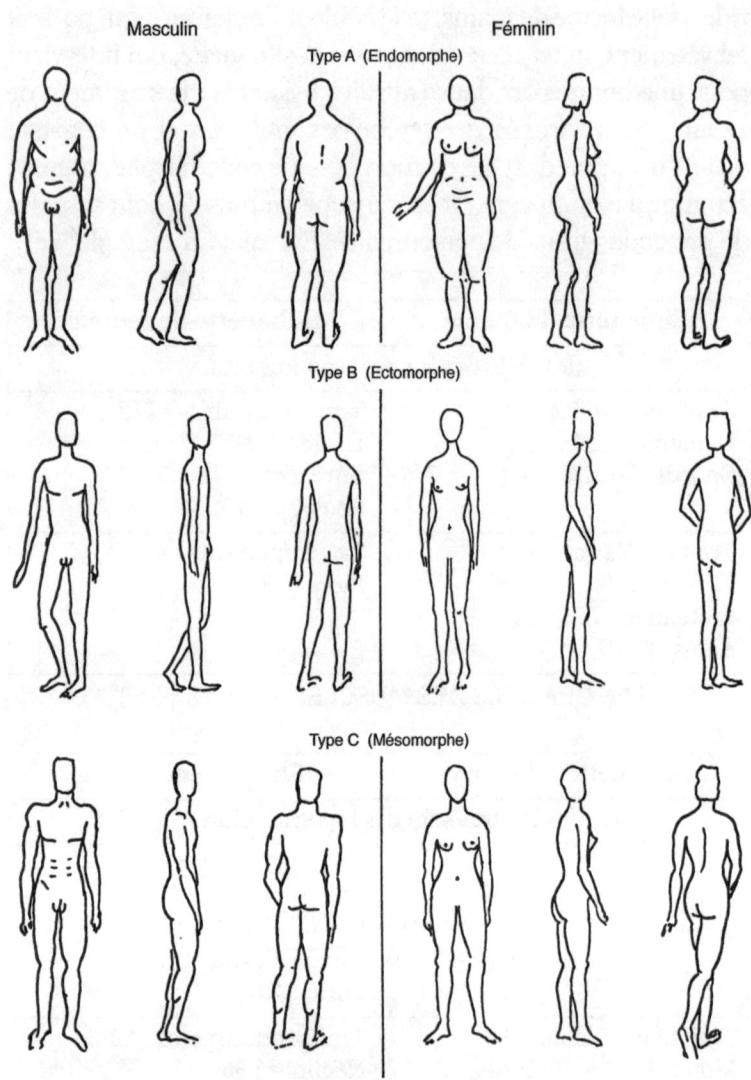

LES TROIS TYPES DE CORPS (gros, maigre, moyen)
(D'après M.-A. Descamps, 1989).

Silhouette d'homme	Silhouette de femme
(les chiffres sont des réponses brutes)	
Traits désirables : 67 Intelligent : 20 Rêveur : 18 Sûr de lui : 14 Gentil : 13...	Traits désirables : 68 Discrète : 22 Sûre d'elle : 20...
Traits indésirables : 64 Renfermé : 22 Timide : 14 Fragile : 13...	Traits indésirables : 80 Étriquée : 49 Souffreteuse : 16 Sèche : 15...

LES QUALITÉS DES MAIGRES (ectomorphes)

Un vocabulaire qui en dit long

Nous associons très étroitement, et sans toujours nous en rendre compte, le beau au bon et le laid au mauvais. Le vocabulaire que nous employons est d'ailleurs révélateur. On parle indifféremment d'une « bonne » action ou d'une « belle » action, d'un « bon » ou d'un « beau » geste.

La polysémie du mot « vilain » est également intéressante. Au Moyen Âge, il désignait un paysan, un roturier (du latin *villanus*, « habitant de la campagne »), c'est-à-dire une condition sociale inférieure. Toutefois, il pouvait aussi s'appliquer à quelqu'un de « vil » (de *vilis*, à bas prix) dont le comportement est méprisable, les actions basses et qui manque de « noblesse ». Un troisième sens associe vilain et laid et on l'emploiera pour qualifier quelqu'un de désagréable à voir, d'affreux ou d'horrible. C'est de cette dernière acception qu'il s'agit dans la description du « vilain homme » que donne La Bruyère : « Ce caractère suppose toujours dans un homme une extrême malpropreté et une négligence pour sa personne qui passe dans l'excès et qui blesse ceux qui s'en aperçoivent.

Vous le verrez parfois tout couvert de lèpre, avec des ongles longs et malpropres... Il a aux jambes des ulcères ; on lui voit aux mains des poireaux et d'autres saletés qu'il néglige de faire guérir... Il est hérissé de poil sous les aisselles et par tout le corps, comme une bête fauve ; il a les dents noires, rongées et telles que son abord ne peut souffrir. »

À une condition sociale modeste, est donc associée la bassesse, mais aussi la saleté, la malpropreté, la grossièreté. Dès le XIVe siècle, on utilise « vilain » pour qualifier quelque chose de désagréable, déplaisant, répréhensible, mauvais ou fâcheux, voire dangereux. Désormais, on assimile ce qui est sale ou malpropre à ce qui est mal. Nous parlons familièrement de faire une « crasse » ou une « saleté » lorsqu'il s'agit d'une mauvaise action. Nous évoquons un « sale type » ou un « malpropre ». La polysémie des termes comme « vilain » ou « sale » montre la force des stéréotypes qui lient le mal et le laid, le bon et le propre, le mauvais et le sale.

D'autres préjugés défavorables touchent à ce qui est gros, gras ou lourd — le terme « crasse » est d'ailleurs lui-même un dérivé de *grossus* (gros) ou *crassus* (épais, grossier). On parlera de plaisanteries grasses ou grossières pour indiquer qu'elles sont graveleuses ou obscènes et on utilisera le terme « dégraisser » pour qualifier des réductions d'effectifs supposées être bénéfiques pour une entreprise. La grossièreté désignera l'ignorance des bienséances, la rusticité, la maladresse, la brutalité, la « lourdeur », le manque d'intelligence et la vulgarité. Dégrossir quelqu'un ou quelque chose c'est l'adoucir, le rendre moins sommaire et approximatif, plus fin, plus civilisé et urbain. Par opposition, le terme de « finesse » est associé à des stéréotypes plus positifs qu'il s'agisse d'un esprit fin, d'une fine lame ou d'un plat raffiné. Il dénote une sorte d'aboutissement, d'accomplissement, comme si un point extrême et parfait avait été atteint. L'or fin, de qualité supérieure, est ainsi d'une grande pureté. Être un fin tireur veut dire être un tireur accompli, un bon tireur. Un visage fin plutôt que plein est tenu pour beau... Le vocabulaire associe aussi la finesse, l'élégance, la coquetterie, la distinction à l'intelligence, à la vivacité d'esprit, à l'habileté. Le mot anglais *smart* recouvre aussi ces divers sens.

La couleur des cheveux dicte, elle aussi, un certain nombre de clichés. Les personnes rousses sont nettement victimes de préjugés négatifs. Une étude récente[5] a montré qu'aux yeux des Français, la femme rousse était tenue pour langoureuse, traître, infidèle, dure et méchante... À l'inverse, la femme brune paraît active, sportive, fidèle et juste. Quant à la blonde, elle bénéficie de préjugés nettement favorables, puisqu'elle est *a priori* douce et bonne. La blondeur a d'ailleurs tendance à être de plus en plus valorisée, même chez les peuples qui ne sont pas blonds. Ce phénomène bien connu de la « poupée Barbie » s'explique par la diffusion du standard de beauté anglo-saxon. Il faut dire qu'en anglais, blond, ou « fair », signifie également beau, pur, propre, juste, équitable, impartial ou loyal...

La « grâce » est un autre terme révélateur de nos préjugés : une personne belle, charmante, plaisante et élégante est en quelque sorte bénie des dieux. Sa beauté revêt un caractère quasi religieux, c'est un don particulier, voire un signe d'élection. Si on appelait le souverain « votre grâce », c'est qu'il était supposé cumuler les caractéristiques : signe d'élection, beauté ou élégance, qualités morales, etc. Les souverains sont, par définition, beaux, et à cette caractéristique s'ajoute, sans que cela soit antinomique, des qualités morales. La Bruyère parle en ces termes des enfants de Dieu, c'est-à-dire de rois : « Les vues courtes, je veux dire les esprits

5. M.-A. Descamps, *Le Langage du corps et la communication corporelle*, *op. cit.*, p. 33.

bornés et resserrés dans leur petite sphère, ne peuvent comprendre cette universalité de talents que l'on remarque quelquefois dans un même sujet ; où ils voient l'agréable, ils en
excluent le solide ; où ils croient découvrir les grâces du
corps, l'agilité, la souplesse, la dextérité, ils ne veulent plus
y admettre les dons de l'âme, la profondeur, la réflexion, la
sagesse : ils ôtent de l'histoire de Socrate qu'il ait dansé. »

Pierre Bourdieu, dans son livre *Ce que parler veut dire*[6],
montre combien le vocabulaire employé par un auteur
comme Montesquieu dans *L'Esprit des lois* contient d'innombrables préjugés. Ainsi en est-il du courage et de la volonté
ou, à l'inverse, de la paresse et de la lâcheté prêtés à certains
peuples. Un lien est établi entre le climat d'une contrée et ses
effets sur le corps et le caractère des habitants. La chaleur
relâcherait, distendrait les corps : il en résulterait une certaine lâcheté, une faiblesse et un manque d'énergie. Signalons encore que lâcher quelque chose ou quelqu'un provient
de *lascare*... Pour Montesquieu, les peuples du Sud sont
« efféminés, paresseux et timides », ils cèdent trop aisément
au plaisir des sens. « Nous avons déjà dit, écrit-il encore, que
la grande chaleur énervait la force et le courage des hommes ;
et qu'il y avait dans les climats froids une certaine force de
corps et d'esprit qui rendait les hommes capables des actions
longues, pénibles, grandes et hardies [...] il ne faut donc pas
être étonné que la lâcheté des peuples des climats chauds
ait presque toujours rendu esclaves et que le courage des
peuples des climats froids les ait maintenus libres. » Comme
l'explique Pierre Bourdieu, « sous l'appareil scientifique, le
socle mythique affleure ». Apparaît tout un « réseau d'oppositions et d'équivalences mythiques », véritable structure fan-
tasmatique « qui soutient toute la théorie ».

---

6. P. Bourdieu, *Ce que parler veut dire*, Paris, Fayard, 1982.

Nous pourrions multiplier les associations de ce type. Ainsi petit/petitesse s'oppose à grand/grandeur, tout comme bas/bassesse est l'exact contraire de haut/hauteur. Toutes laissent voir que notre culture nous enseigne dès le plus jeune âge une série de stéréotypes associant l'apparence des individus à leurs qualités morales ou à leurs défauts.

Beaux gestes et tenue

Les préjugés sur les beaux et les laids sont encore aggravés par les nombreux stéréotypes qui s'attachent à l'apparence en général. Les gestes, les postures et la vêture sont, au même titre que l'aspect physique, des marqueurs sociaux et suscitent des inférences chez l'observateur. Les mouvements d'un sportif, un coureur ou un nageur, par exemple, varient, en effet, non seulement en fonction des compétences techniques du pratiquant mais aussi de sa manière d'aborder la pratique de son sport. Par exemple, ils peuvent retenir l'attention par leur caractère technique ou par la force physique dont ils témoignent. Et l'appartenance à un groupe social spécifique sera bien souvent perceptible, et perçue, au vu de ces gestes.

Une sociologue française a étudié trois clubs de tennis[7]. Dans un club « chic », les tenues sont blanches et sobres ; les gestes se veulent élégants et raffinés. La manière de jouer ne peut s'acquérir sans un apprentissage et la fréquentation des clubs ou des partenaires qui les utilisent. Le « beau geste », qui est privilégié, est défini par un code très strict qui ne doit rien au hasard. Il est un acquis social autant que technique ou sportif, et il n'est dit beau que parce qu'il est l'apanage de

---

7. A.-M. Waser, « Le marché des partenaires — étude de trois clubs de tennis », *Actes de la recherche en sciences sociales*, n° 80, novembre 1989, p. 2-21.

certaines catégories de joueurs privilégiés. Dans un club « bon marché », situé en banlieue, en revanche, les joueurs sont parfois torse nu, en short de plage et sans chaussures spéciales ; les gestes dénotent une technique très « personnelle ». Enfin, dans un club dit « petit-bourgeois », on note des tenues parfois excessivement fonctionnelles (poignets en éponge, casquette, bandeau, tissus absorbants, etc.) ou bien alors originales et fantaisie avec des tee-shirts à motifs, des shorts de couleur ; les gestes seront alors caractéristiques de la dépense physique (gestes à l'arraché, poignets bloqués, passages en force).

De la même façon, les tenues à la plage, les manières de s'y tenir, de s'y déplacer, d'y faire du sport reflètent en grande partie l'appartenance à un groupe social. Le sociologue Patrick Champagne[8] a décrit les caractéristiques principales des agriculteurs fréquentant le bord de mer. Il a observé une plage de la côte normande un dimanche d'août alors qu'elle était fréquentée par des paysans et des citadins en vacances. Les agriculteurs n'ont que tardivement pu prendre des congés et, à la différence des autres groupes sociaux, sont moins familiers des vacances à la mer. Cette fréquentation moins régulière, comparée à celle des ouvriers, des employés ou des cadres, se reflète dans leur apparence. Alors que la tenue des citadins, avec les variations impliquées par la classe sociale ou la classe d'âge, symbolise le statut de *vacancier* (chemisette ou tee-shirt, short blanc ou maillot de bain, espadrilles ou nu-pieds, lunettes de soleil, etc.), la tenue des paysans est, en revanche, composée d'un mélange de vêtements de *tous les jours* (maillot de corps), de vêtements *de sorties* (pantalons de ville, casquette) et de vêtements qui *font vacances* (short de couleur beige, pieds nus,

---

8. P. Champagne, « Les paysans à la plage », *Actes de la recherche en sciences sociales*, n° 2, 1975, p. 43-67. Depuis cette période, les différences entre agriculteurs et autres catégories se sont sensiblement amoindries.

quelquefois en chaussettes ou même pieds nus dans des chaussures de ville). Quant aux membres des classes supérieures, précise Patrick Champagne, « ils évitent le vêtement de plage, trop *commun*, au profit de tenues qui manifestent la pratique d'activités estivales souvent coûteuses et donc sélectives comme le tennis ou la voile par exemple ».

Les gestes et les postures diffèrent également d'un groupe social à l'autre et trahissent les conditions matérielles d'existence et de travail. S'agissant des agriculteurs, Patrick Champagne note en particulier la démarche rendue « pesante » par l'usage permanent des bottes et des sabots, le bronzage inégal du corps qui laisse voir les marques des vêtements de travail, la forte corpulence et la façon de se tenir les bras ballants, légèrement écartés par rapport au corps, qui donne une impression de puissance et de force physique, vertus traditionnelles du « bon travailleur » dans le système paysan. Les adolescents, plus scolarisés et davantage familiers de la pratique des sports, se distinguent très peu dans leurs comportements des jeunes des classes populaires urbaines. À peine reconnaît-on dans les jeux brutaux et les démonstrations de puissance des garçons la persistance de la valorisation de la force physique. C'est sans doute sur les femmes, plus attentives que les hommes à tout ce qui relève de la « tenue » au sens large, que s'exerce le plus fortement la domination des modèles culturels issus des classes moyennes. « La raideur, l'hésitation dans les gestes, la maladresse des mouvements trahissent le sentiment de gêne que nombre d'entre elles éprouvent à s'exposer publiquement aux regards et aux jugements des citadins. Beaucoup restent habillées, et celles qui se déshabillent le font par étapes, avec de longues pauses, comme pour retarder le moment où elles seront en maillot de bain. Elles passeront la plus grande partie de la journée assises, discrètes, presque immobiles pour ne pas se faire remarquer. »

Le sociologue Jean-Claude Kaufmann a également montré que le port du maillot de bain et la pratique des seins nus reflétaient l'appartenance à un groupe social. La plage, qui se présente comme un espace ludique dans lequel, le temps des vacances, les statuts et les positions sociales de chacun s'effaceraient, reste en réalité un terrain où demeurent de très sensibles marques distinctives. Les corps disent beaucoup, dans leur nudité, sur ce que nous sommes (et à notre insu). Un jeune homme n'entre pas dans l'eau de la même manière selon le groupe social auquel on appartient (avec bruit et éclaboussures ou plus discrètement). Notre apparence constitue une sorte de livre ouvert pour les autres et suscite un grand nombre d'inférences.

En même temps qu'ils trahissent ce que nous sommes, notre corps, nos gestes et nos vêtements invitent les autres à formuler des jugements sur nos qualités ou défauts supposés. Le sociologue Erving Goffman l'a bien montré au sujet de ceux qui ont de la « tenue ». Il appelle tenue « cet élément du comportement cérémoniel qui se révèle typiquement à travers le maintien, le vêtement et l'allure, et qui sert à montrer à l'entourage que l'on est une personne douée de certaines qualités, favorables ou défavorables. Dans notre société, l'individu qui se tient bien, convenablement, manifeste des attributs tels que : discrétion et sincérité ; modestie dans ses prétentions ; esprit de compétition et loyauté ; contrôle de ses paroles et de ses gestes ; maîtrise de ses émotions, de ses appétits et de ses désirs ; sang-froid dans l'adversité et ainsi de suite[9] ».

L'individu qui se tient bien possède les attributs que l'on associe couramment à la formation du caractère ou à la socialisation. À tort ou à raison, on tend à donner à de telles qualités une valeur de diagnostic général applicable dans d'autres

---

9. E. Goffman, *Les Rites d'interaction*, Paris, Minuit, 1974.

contextes et pour d'autres activités. Qu'il s'agisse d'un entretien d'embauche, d'un oral de sélection, une première rencontre ou d'un discours, notre « tenue » en ces circonstances est interprétée comme le reflet de notre personnalité. Si nous perdons, par exemple, nos moyens, on dira que nous « perdons la face », que nous « faisons piètre ou mauvaise figure ». Il est vrai que notre visage porte dans ce cas la marque de notre déroute, de notre gêne, de notre émotion, de notre honte ou encore de l'humiliation ressentie : nous rougissons, grimaçons, détournons ou baissons les yeux et la tête. Notre aspect physique lui-même est transformé, renforçant ainsi le jugement d'autrui.

L'aveu paradoxal des proverbes

Les nombreux préjugés à l'égard des beaux ou des laids sont d'ailleurs si fortement installés qu'ils sont combattus par de multiples adages. Il suffit pour s'en convaincre de retenir, notamment parmi 280 proverbes classiques répertoriés dans le mémento *Larousse* de 1912 ceux qui concernent de près ou de loin l'apparence.

On trouve presque exclusivement des proverbes qui mettent en garde contre une apparence agréable. Certains enjoignent de se méfier du premier sentiment et des apparences flatteuses : « l'habit ne fait pas le moine » ou « tout ce qui luit n'est pas or ». Quelques-uns s'efforcent de convaincre de l'existence de mécanismes de compensation où les défauts sont contrebalancés par les qualités : « dans les petits pots, les bons onguents », « l'homme ne se mesure pas à l'aune », « c'est dans les vieux pots que l'on fait les meilleures soupes » ou encore « il n'est pas si diable qu'il est noir ».

Dans certains cas, on attire l'attention sur les inconvénients qu'il y aurait à céder à la tentation du mariage avec une belle femme : « fille fenêtrière, rarement ménagère »,

« il vaut mieux lui dire : laide allons souper, que lui demander : belle, avons-nous à souper ? », « la beauté ne se mange
pas à la cuillère », « quand on a une belle femme, on n'a pas
de beaux cochons, pourquoi ? Parce que les cochons au lieu
de manger s'amusent à la regarder ». D'autres invitent à la
tolérance à l'égard des laids : « tous les goûts sont dans la
nature » ou « on trouve toujours chaussure à son pied ».

Plusieurs constatent l'impact du statut social, mais
sans se référer explicitement à l'apparence : « on ne prête
qu'aux riches », « l'eau va toujours à la rivière ». Plus rarement, un proverbe formule une appréciation neutre ou positive sur le paraître. Ainsi en est-il peut-être de : « la sauce
fait manger le poisson ».

La lecture de ces proverbes semble imposer l'idée qu'il
ne serait pas convenable de retenir l'apparence pour juger
des individus. Les avantages qui s'attachent à une belle apparence ne sont d'ailleurs pas explicitement mentionnés. La
morale elle-même n'a pas manqué de condamner le paraître,
en fustigeant notamment le « péché de coquetterie ». Paradoxalement, une telle défiance par rapport aux apparences
confirme l'importance et la force des stéréotypes liés à la
beauté ou à la laideur. Comme le résume judicieusement
Marilou Bruchon-Schweitzer, « chez les artistes comme chez
le commun des mortels, on retrouve finalement la même
attitude fondamentale de déni vis-à-vis de la toute-puissance
et de la fascination qu'exerce la beauté corporelle, et vis-
à-vis de la répulsion que suscitent des corps difformes ou
simplement dysharmonieux. Quelle étrange ignorance[10]... ».

La cause est entendue : on crédite les beaux de multiples
qualités. Non seulement ils possèdent des qualités qui peu-

---

10. M. Bruchon-Schweitzer, « Ce qui est beau est bon : l'efficacité d'un stéréotype social », art. cité.

vent être liées à une apparence flatteuse, comme le pouvoir de séduction, mais ils sont également jugés capables de performances qui n'ont aucun rapport, *a priori*, avec la beauté. Il est donc légitime de se demander, à l'inverse, si le succès peut embellir un individu jugé laid ou peu séduisant. La réussite entraîne-t-elle dans ce cas une révision des préjugés forgés à la va-vite à partir d'une simple photo ? Riches et puissants, les laids n'en deviendraient-ils pas beaux ?

Des préjugés tenaces

Dans une étude passionnante[11], on a commencé par montrer des photos d'étudiants d'universités lointaines à d'autres étudiants en leur demandant d'évaluer les compétences des individus représentés. Les photos avaient été préalablement sélectionnées par un groupe d'évaluateurs de sorte que certains visages étaient à l'évidence séduisants et d'autres objectivement repoussants (on est parti de 800 photos d'hommes et de femmes pour n'en retenir que 59). Les jugements portés ont été très différents selon les visages présentés. Les « beaux » étaient perçus comme plus intelligents. On les jugeait capables de bien se comporter en toute situation et de mieux réussir tout ce qu'ils entreprenaient ou tout ce qui était important dans la vie. On leur attribuait de meilleures capacités de lecture et d'abstraction. On leur prêtait aussi d'autres qualités comme de meilleures aptitudes scolaires. Ils avaient même, selon les témoins, de meilleures dispositions pour réussir à... un examen de pilote d'avion !

---

11. Expérience présentée dans la plus prestigieuse revue de sociologie américaine : M. Jr. Webster et J. E. Jr. Driskell, « Beauty as status », *American Journal of Sociology*, 89, 1, 1983, p. 140-165.

La prime à la beauté fonctionne aussi bien pour les hommes que pour les femmes : quel que soit le sexe de la personne représentée et quel que soit le sexe de l'évaluateur, elle se retrouve avec la même intensité. Tout comme les stéréotypes qui leur sont associés, les canons physiques étaient relativement partagés, puisque sur une échelle allant de 5 à 25, la note obtenue par les beaux « spécimens » était de 17,3 et celle des visages les moins attrayants de 12,8 seulement[12].

Pour affiner l'analyse, on s'est demandé dans un deuxième temps quel serait le score obtenu par des individus dont la photo n'est pas fournie. On a soumis aux évaluateurs deux profils très contrastés d'individus dont on donnait, cette fois, le CV. La comparaison ne portait donc plus sur le physique mais sur les performances objectives. Dans un cas, la personne présentée était diplômée d'une université très prestigieuse appartenant à l'Ivy League et occupait la fonction élevée de vice-président de la Chase Manhattan Bank. Face à elle, l'autre personne était issue d'une université plus modeste et travaillait comme employé chez Woolworth's. Les résultats obtenus n'ont pas provoqué de surprise particulière : un statut social élevé, certifié par le diplôme et l'emploi, entraîne bien des jugements laudatifs : le premier groupe de personnes se voyait, au terme de la comparaison, attribuer des capacités largement supérieures à celles du second groupe ; elles obtenaient un score moyen de 19,2, contre 10,6. Deux éléments sommaires comme le diplôme et le métier suffisent donc pour altérer le jugement porté sur un individu.

---

12. Il s'agit de la moyenne du score atteint sur une série de questions : Comment peut-on penser que la personne se comporte en général (en toute situation) ? Comment se situe l'individu du point de vue de tout ce qui compte dans la vie ? Quelles sont les aptitudes de l'individu à accomplir la plupart des tâches ? Quelles sont les capacités d'abstraction de la personne ? Quelle est la probabilité de succès à l'examen de pilote d'avion privé ?

On remarquera néanmoins que la seule beauté entraîne une surévaluation des capacités supposées qui équivaut presque à celle induite par le diplôme ou la fonction occupée. Entre un physique agréable et un cursus scolaire brillant, couronné par une carrière remarquable, la différence n'est finalement pas très sensible (17,2 contre 19,2).

Mais il fallait encore aller plus loin. En effet, dans le premier cas de figure envisagé, l'apparence physique avait nécessairement un fort impact puisque les observateurs ne disposaient que d'une photo. Ils étaient donc incités à répondre en fonction d'un critère qu'ils n'auraient peut-être pas utilisé s'ils avaient disposé d'autres données pour juger des capacités d'une personne. Que se passait-il donc lorsque les observateurs pouvaient se fonder à la fois sur une photo et sur des éléments objectifs comme le diplôme *et* l'emploi ?

Il est apparu que, dans ce genre de cas, le jugement tenait compte des différentes informations. Les personnes disgracieuses amélioraient nettement leur score si elles étaient objectivement performantes (elles passaient de 12,8 à 16,5) tandis que les personnes au physique avenant perdaient de leur aura quand elles devenaient de modestes employées aux études médiocres (leur score moyen passait de 17,3 à 14,3).

Les critères de notation

Très Bonnes études, très bon emploi, pas de photo : 19,2
Beau, aucun autre élément : 17,3
Laid, très bonnes études, très bon emploi : 16,5
Beau, mauvaises études, mauvais emploi : 14,3
Laid, aucun autre élément : 12,8
Mauvaises études, mauvais emploi, pas de photo : 10,6

L'ensemble de ces résultats n'est guère rassurant. En effet, un individu au physique agréable mais aux performances réelles médiocres (14,3) obtient une note largement supérieure à celle d'un individu aux performances réelles également médiocres, mais dont on ignore le physique (10,6). Inversement, un individu au physique peu engageant obtient un moins bon score (16,5), parce qu'il est laid, qu'un individu dont le cursus et la profession sont pareillement prestigieux mais dont on ne connaît pas l'apparence (19,2). La prime de beauté, ou la décote de laideur, est à ce point flagrante que l'apparence est prise en compte, même quand le diplôme et la fonction sont connus, pour décider si une personne est capable de « piloter un avion » ou de « réaliser avec succès à peu près n'importe quelle tâche » !

L'apparence physique est un signal, parmi d'autres, qui indique le statut. Bien plus, au lieu d'être une question de préférences personnelles touchant la vie privée (attrait sexuel, envie, etc.), elle confère presque un *statut social* à ceux qui en sont dotés. L'importance de la prime de beauté sera alors fonction de la structure de la société concernée.

Effets de halo

Nous associons spontanément l'apparence physique et la position sociale, le métier ou la réussite de quelqu'un. Lorsqu'on demande à des individus d'évaluer la taille de personnes qui leur sont familières, ils ont tendance à « grandir » celles dont le prestige ou l'autorité leur semble grands. C'est ainsi que la taille des présidents se retrouve surestimée de 7,6 cm par la population[13], comme si les grands hommes

---

13. R. Keyes, *The Height of your Life*, Boston, Little Brown, 1980, cité par Christophe André et François Lelord dans *L'Estime de soi, op. cit.*

ou les « grands patrons » devaient nécessairement être de grande taille[14] !

De la même façon, nous avons une image de ce à quoi doit ressembler un commerçant. On l'imagine bien en chair et l'air jovial. Jusqu'au début des années 1980, l'INSEE proposait dans sa nomenclature des catégories socioprofessionnelles le groupe des « gros commerçants », qu'on distinguait des petits commerçants. Or, selon l'INSEE, en 1980, les Français les plus gros étaient bien des artisans et des gros commerçants. Ils pesaient 74,4 kg pour 1,72 m et n'étaient dépassés que par les patrons de l'industrie et du commerce (77,1 kg), lesquels, toutefois, étaient légèrement plus grands. Leur indice de masse corporelle[15] était donc quasiment le plus élevé de toutes les catégories de Français ! La terminologie longtemps utilisée par nos statisticiens trahissait bel et bien des stéréotypes en même temps qu'elle reflétait une certaine réalité.

Les stéréotypes liés à l'apparence peuvent se modifier fortement en fonction du statut social. Ceux qui ont réussi, qui se sont fait un nom ou qui occupent une profession de prestige élevé seront a priori parés d'un ensemble de qualités, tandis que d'autres activités ou professions susciteront des préjugés moins favorables. Or nous associons une position sociale donnée non seulement à des traits de caractère mais à une certaine apparence. Par un effet de « halo », nous nous forgeons une représentation approximative des caractéristiques physiques que nous accordons avec le statut social ou le métier en question, et nous imaginons les différentes personnes belles ou laides, grosses ou minces, petites ou grandes, etc.

---

14. W. D. Dannenmaier et F. J. Thumin, « Autority status as factor in perceptual distorsion of size », *Journal of Social Psychology*, 63, 1964, p. 361-365, cité par Pierre Bourdieu dans *La Distinction, critique sociale du jugement, op. cit.*
15. Voici les chiffres : 25,15 pour les artisans et commerçants, 25,76 pour les patrons de l'industrie et du commerce, 25,94 pour les anciens patrons.

Une équipe de chercheurs[16] a ainsi pu montrer que les stéréotypes négatifs à l'égard des femmes obèses disparaissaient si la femme était présentée comme une sportive pratiquante. Quand on décrivait plusieurs femmes de poids moyen, inférieur ou bien supérieur à la moyenne, sans montrer de photo, mais en précisant que certaines faisaient du sport trois fois par semaine et d'autres pas, les personnes interrogées, quel que soit leur sexe, trouvaient que les sportives étaient *a priori* physiquement et sexuellement plus attirantes que les autres. Elles paraissaient aussi plus actives, en meilleure santé, moins dépressives et plus sociables.

L'image attachée à la sportive modelait donc le jugement porté sur ces femmes objectivement très grosses au point que la caractéristique physique initiale passait au second plan et que les stéréotypes positifs dont bénéficient les sportifs dans notre société l'emportaient. Parce que nous sommes habitués à des sportives par définition en bonne santé et plutôt moins grosses que les non-sportives, nous associons, spontanément, beauté, bonne santé et minceur et nous croyons qu'une sportive est, par définition, plutôt agréable physiquement.

Dans une autre étude, ces chercheurs ont également pu constater que les jugements portés au vu d'une photo de femme dépendaient du métier ou du statut de cette personne. Une même femme était jugée plus mince et plus attirante si elle était habillée comme un « top model » que si elle était vêtue en étudiante ou, pire, en cuisinière. Parce que le statut social ou la profession correspond souvent à une apparence précise, nous aurons évidemment tendance

---

16. K. Martin et M. Leary, *New exercising woman' stereotype has surprise benefits*, Wake Forest University, juin 1998.

à surestimer l'attrait physique d'une femme qui exerce le métier de mannequin.

La notoriété et l'image d'une personne peuvent être si fortes et si positives que celle-ci paraîtra belle indépendamment de toute réalité, comme si un beau succès ou de belles actions rejaillissaient sur le physique. Des personnages qui sont ou qui ont été très populaires, comme le commandant Cousteau, l'abbé Pierre ou mère Teresa, ont ainsi bénéficié d'un effet de halo très positif. S'agissant de mère Teresa, on rappellera que non seulement elle avait été classée au premier rang des femmes connues les plus sympathiques, mais qu'elle avait été jugée assez attirante physiquement. Elle ne parvenait certes pas à surpasser Catherine Deneuve, Romy Schneider ou Isabelle Adjani, mais elle faisait mieux que Hillary Clinton, Madonna ou la princesse Diana. Avec une note de 2,40 sur 5, elle obtenait un score qui n'était pas très éloigné de celui de la top model Claudia Schiffer (2,85). En somme, la population interrogée voulait croire que mère Teresa était physiquement attirante et le déclarait tout en sachant que cet avis ne serait pas forcément partagé compte tenu des standards de la femme attirante[17]. Mais les qualités morales de mère Teresa l'emportaient et il fallait bien qu'elles soient celles d'une belle personne...

Mais si une personne exerçant une profession de prestige devient, comme par enchantement, plus attirante, si un grand capitaine d'industrie paraît de grande taille ou si une femme mannequin est forcément belle, n'est-ce pas la preuve, pourrait-on dire, que le destin des individus n'est

---

17. Enquête faite en Allemagne auprès d'un échantillon d'hommes de différents âges. Les résultats détaillés pour trente hommes et femmes célèbres peuvent être consultés sur le site internet du professeur Henss. Voir aussi les résultats de l'étude menée par M. Erik et R. Henss, *Attractiveness and likability of prominent people*, 1996.

pas scellé dès la naissance selon qu'ils ont tel corps ou tel visage ? En réalité, les représentations que nous nous faisons de l'apparence d'autrui en fonction de la position sociale occupée vont renforcer les stéréotypes liés à l'apparence. L'expérience quotidienne nous apprend que les individus ont souvent un aspect différent (un corps, des gestes, des vêtements, etc.) suivant leur activité, leur métier ou leur statut social et c'est sous l'effet de cette règle que nous associons, par généralisation abusive, une certaine apparence et un statut social donné. Nous croyons par exemple qu'un mannequin est *a priori* une belle et grande fille sans l'avoir jamais vue parce que c'est d'ordinaire vrai. En l'occurrence, c'est même la base actuelle du métier. Toutefois, cette règle sera entretenue et renforcée par nos représentations : si les mannequins sont recrutés selon certains critères, c'est sans doute parce que le public attend et apprécie ce genre de caractéristiques...

Prédiction créatrice

Non seulement l'apparence physique suscite des préjugés qui résistent aux faits objectifs, mais les individus se conforment souvent eux-mêmes à l'image qu'on se fait d'eux. Ce processus a son origine dans la plus tendre enfance et s'exerce notamment à l'école comme nous le verrons au chapitre suivant. Il permet aux individus les plus beaux de développer les qualités qu'on attend d'eux et pénalise souvent les plus laids qui finissent, de guerre lasse, par se conformer au rôle qui leur est attribué[18].

De façon générale, notre corps, notre apparence et notre visage construisent notre personnalité parce qu'ils

---

18. A. Feingold, « Good-looking people are not what we think », art. cité.

font l'objet d'une lecture, d'une interprétation, d'un rejet ou d'un amour. Nous sommes largement ce que le regard d'autrui fait de nous. Un sociologue dirait que de notre apparence émane une série de signaux. Les multiples normes corporelles et vestimentaires nous rattachent à un groupe social, elles trahissent notre origine et reflètent notre profession. Notre visage, surtout, sera observé et interprété. Dépositaire d'une partie de notre histoire personnelle, il jouera un rôle éminent dans notre « lisibilité » et dans les messages que nous transmettons.

Malgré nos efforts, nous ne reprenons jamais totalement le contrôle de l'image que nous projetons et de l'interprétation qui en est faite[19]. C'est dans les yeux des autres que se construit l'identité de chacun[20]. Le visage est à l'évidence ce qui offre le plus de prise et c'est pourquoi il est si souvent utilisé comme un puissant révélateur. Georg Simmel explique ainsi que le visage « résout le plus parfaitement cette tâche de produire, avec un minimum de modifications de détail, un maximum de modifications dans l'impression d'ensemble. [...] Le corps, dans ses mouvements, peut sans doute exprimer des processus spirituels aussi bien que le visage. Mais le visage est le seul lieu où ils se concrétisent en formations stables, une fois pour toutes révélatrices du psychisme. Cette beauté fluide que nous appelons la grâce, il faut bien qu'elle se re-produise à chaque fois, dans le geste de la main, dans l'inclinaison du buste ou la légèreté des pas [...]. Dans le visage au contraire, ces agitations qui caractérisent un individu : haine ou anxiété, sourire de mansuétude ou recherche inquiète d'un profit, et bien d'autres encore, impriment des traits qui

---

19. J.-P. Sartre, *L'Être et le Néant*, Paris, Gallimard, 1943.
20. A. Finkielkraut, *La Sagesse de l'amour*, Paris, Gallimard, 1984.

demeurent[21] ». Le visage est l'élément premier dans l'appréciation de la beauté et de la laideur, dans l'attirance ou la répulsion exercée, dans l'opération de classement social à laquelle nous procédons.

La lecture par les autres de notre visage puis du reste de notre corps modèle en partie notre personnalité. Façonnés par les autres, les individus les plus séduisants sont effectivement moins sensibles à la solitude et moins anxieux lors de contacts avec des inconnus ou des personnes de l'autre sexe. Ils sont davantage convaincus d'être sociables et ont effectivement plus d'amis du même sexe tout en étant plus populaires auprès du sexe opposé. Ils sont en général mieux accueillis par les autres. Bien plus, on a constaté qu'un contact téléphonique se passait mieux lorsqu'un interlocuteur masculin s'imaginait communiquer avec une belle femme...

Au cours de cette étude[22], les entretiens duraient 10 minutes. On faisait croire à l'homme qu'il allait tantôt s'entretenir avec une femme séduisante et tantôt discuter avec une femme peu attirante. Lorsque l'homme pensait avoir affaire à une belle femme, il se montrait plus aimable et plus ouvert. De son côté, la correspondante qui ne savait pas comment elle avait été présentée était plus détendue et faisait montre de plus d'humour si son interlocuteur la percevait comme séduisante, et cette attitude, à son tour, renforçait l'homme dans sa conviction première... Au total, les hommes avaient un échange téléphonique agréable en accord avec la représentation qu'ils se faisaient de leur interlocutrice et trouvaient dans cette combinaison de facteurs

---

21. G. Simmel, *La Tragédie de la culture*, Paris, Seuil, 1988.
22. H. Berscheid, M. L Snyder, E. D. Tanke, « Social perception and interpersonal behavior : on the self-fulfilling nature of social stereotypes », *Journal of Personal and Social Psychology*, 35, 1977, p. 656-666.

la confirmation de leur croyance initiale et du stéréotype liant séduction et fortes capacités relationnelles. Un cercle vertueux s'était enclenché au bénéfice des femmes qui étaient réellement attirantes ou bien présentées et perçues comme telles.

Les gens beaux sont aussi plus assurés de leur pouvoir de séduction. De ce fait, leur vie amoureuse est plus accomplie, leurs pratiques sexuelles sont plus diversifiées et ils font plus souvent l'amour sans avoir pour autant plus de partenaires. Leur expérience du sexe est également plus grande et plus libre. Par-delà le domaine amoureux, les gens beaux font globalement preuve d'une grande confiance en eux. Ainsi que l'a montré Marilou Bruchon-Schweitzer, les individus au physique agréable ont une meilleure appréciation d'eux-mêmes. Notée de 0 à 40, l'estime de soi est de 15,84 chez les femmes laides mais de 20,29 chez les femmes les plus belles. Chez les hommes, elle passe de 16,10 à 20,18[23].

Dans ces conditions, on comprend que les individus les plus séduisants se sentent bien dans leur peau. Ils sont plus heureux, plus satisfaits et moins stressés. À l'inverse, des personnes du même sexe, ayant fait les mêmes études, disposant des mêmes revenus et exerçant une même profession prestigieuse seront plus ou moins heureux selon que les autres les jugent plus ou moins attirantes[24]. Certes, comme nous le verrons plus loin, les individus séduisants ont toutes les chances de réussir leurs études, de trouver un meilleur emploi, de gagner davantage et de faire un bon mariage. Toutefois, ils seront encore heureux même s'ils

---

23. M. Bruchon-Schweitzer, « Ce qui est beau est bon : l'efficacité d'un stéréotype social », art. cité.
24. Grande enquête faite sur 3 700 Américains. Voir Humberson et Hughes, « The impact of physical attractiveness on achievement and psychological well-being », *Social Psychology Quarterly*, 50, 3, 1987, p. 227-236.

ne réussissent pas leur vie. En revanche, ceux qui ont rencontré le succès malgré leur laideur ne connaissent pas pour autant le bonheur...

Des préjugés sans aucun fondement

Bien entendu, et heureusement, les individus ne développent pas toujours les qualités qu'on leur attribue d'office en raison de leur apparence. Ainsi en est-il de la force de caractère, de la santé mentale ou encore des capacités de commandement allouées aux plus séduisants d'entre nous. « Nous autres jolies femmes, ajoute Marianne, le personnage du roman de Marivaux, personne n'a plus d'esprit que nous, quand nous en avons un peu : les hommes ne savent plus alors la valeur de ce que nous disons ; en nous écoutant parler, ils nous regardent, et ce que nous disons profite de ce qu'ils voient. J'ai vu une jolie femme dont la conversation passait pour un enchantement, personne au monde ne s'exprimait comme elle ; c'était la vivacité, c'était la finesse même qui parlait : les connaisseurs n'y pouvaient tenir de plaisir. La petite vérole lui vint, elle en resta extrêmement marquée : quand la pauvre reparut, ce n'était plus qu'une babillarde incommode. Voyez combien auparavant elle avait emprunté d'esprit de son visage ! Il se pourrait bien faire que le mien m'en eût prêté aussi dans le temps qu'on m'en trouvait beaucoup. Je me souviens de mes yeux de ce temps-là, et je crois qu'ils avaient plus d'esprit que moi. »

Les belles personnes ne sont pas aussi douées qu'on les imagine, et c'est heureux compte tenu du nombre de qualités qu'on leur prête. Il arrive même qu'une estime de soi excessive les expose à des déconvenues. Fragiles et vulnérables émotionnellement, elles supporteront mal l'échec

auquel elles sont peu préparées. À l'inverse, certains individus désavantagés par la nature réussissent à compenser
leur handicap et développent des qualités imprévues. On a
remarqué qu'ils arrivent à se « blinder émotionnellement »
contre les impressions défavorables qu'ils suscitent[25]. Leur
stabilité émotionnelle a été mesurée et elle s'est révélée
supérieure à celle des personnes au physique moyen ou
beau. Les plus laids parviennent à se construire une image
d'eux-mêmes de manière relativement autonome et à sur-
monter ou dénier les représentations très négatives qu'on
donne d'eux. Ils peuvent de la sorte atténuer et même inver-
ser dans certains cas le cours des choses, c'est-à-dire échapper avec succès au triste rôle social qui leur était assigné par
leur environnement.

Pourquoi les préjugés ont-ils la vie dure ?

Si les préjugés concernant les beaux restent si pré-
gnants alors qu'ils ne correspondent pas toujours à la réalité, c'est d'abord parce que nous sommes victimes de ce
que nous avons nommé l'« effet de halo » : de certaines
caractéristiques prêtées aux beaux qui sont vraies, nous
induisons la présence d'autres qualités. Nous avons tous
tendance à attribuer aux individus des traits de personnalité, des qualités ou des défauts en fonction d'informations
éparses dont nous disposons et qui proviennent d'observations de la vie courante. Ayant observé le succès dans telle
situation, nous en concluons la réussite ailleurs et dans
d'autres domaines.

---

25. M. Bruchon-Schweitzer, « Ce qui est beau est bon... », art. cité.

L'importance du cinéma, de la télévision et des magazines, qui valorisent directement l'image, n'arrange pas les choses. Ils renforcent les stéréotypes, tout comme la publicité. Dans les magazines et à la télévision, les gens sont plutôt beaux, ils réussissent, ils ont beaucoup d'amis et une vie amoureuse passionnante et riche ; au cinéma, les héros et héroïnes sont séduisants et sensuels tandis que les seconds rôles et plus encore les rôles de « méchants » et de « loosers » sont réservés aux physiques quelconques, repoussants ou effrayants. Le succès croissant des mannequins dans les années 1980-1990 a marqué une nette accentuation du phénomène. Le top model s'est alors mis à surpasser même la star de cinéma en termes de revenus et de notoriété. L'argent, les honneurs et la gloire allaient à ceux et à celles dont la seule qualité était la plastique. On ne soulignera jamais assez combien cette nouvelle échelle sociale est injustifiée, illégitime et absurde.

Aujourd'hui, la beauté est un critère essentiel pour l'exercice de certains métiers comme ceux d'acteur ou de journaliste de télévision (du moins, sur certaines chaînes). Les mannequins qui ont su maintenir leur rang peuvent désormais investir leur capital de notoriété dans des activités totalement étrangères à leur champ de compétence, comme la politique ou le journalisme. Par le passé, certaines stars de cinéma avaient déjà opéré, avec succès, ce glissement. Ronald Reagan reste l'exemple le plus marquant, mais on peut citer le cas très récent de comédiens américains qui ont envisagé de se présenter à l'investiture du parti démocrate en vue de la présidentielle ou qui ont exprimé leur souhait de devenir gouverneur. Arnold Schwarzenegger, par exemple, se verrait volontiers en gouverneur républicain de Californie...

Il est probable que le jeunisme, le culte de la beauté et la fascination pour les belles apparences rendent inévitable le pouvoir grandissant de ceux dont la qualité principale, sinon unique, est le physique. Les stéréotypes ont donc de beaux jours devant eux, surtout en France où l'importance de l'apparence est niée alors qu'elle joue un grand rôle dans la vie privée et publique, et notamment dans la réussite des études.

Chapitre 3

UNE CLEF DU SUCCÈS SCOLAIRE

Qui n'a pas le souvenir d'un premier de la classe au physique ingrat ? Dans notre mémoire, il est boutonneux, pâle et mal vêtu ; il porte des lunettes et se déplace avec maladresse. Cette représentation tenace colle à la peau de l'élève de Normale Sup mais ne correspond pas vraiment à la réalité. En fait, les beaux sont favorisés dans leurs études et réussissent plus facilement un beau parcours.

Beaux et bien notés

Dès l'école maternelle, les beaux enfants sont privilégiés. On a remarqué que les enseignants avaient une meilleure opinion d'eux et que leurs petits camarades les préféraient[1]. Cette bienveillance provoque en retour des attitudes positives et surtout une grande confiance en soi chez ces enfants. Un cercle vertueux s'enclenche qui permettra

---

1. Des études sociométriques dans des maternelles ont permis de mesurer ce phénomène. Voir K. K. Dion et E. Berscheid, *Physical Attractiveness and Sociometric Choice in Young Children*, Ann Harbor University of Michigan, 1971.

de passer avec plus de succès les différentes étapes qui jalonneront la vie scolaire et universitaire. À l'inverse, les enfants au physique ingrat seront ignorés ou marginalisés.

Un certain nombre de facteurs concourt à exclure certains écoliers et à en placer d'autres sur une trajectoire prometteuse. En premier lieu, il faut rappeler la croyance inconsciente, partagée par les maîtres et les maîtresses, que les enfants les plus séduisants seront aussi ceux qui réussissent le mieux leur scolarité[2] et qui feront la plus belle carrière[3]. Cette conviction entraîne l'intérêt accru de l'enseignant pour l'élève considéré comme un « jeune à potentiel ». De ce fait, les évaluations de son travail seront plutôt bienveillantes et il ne lui sera pas trop tenu rigueur de ses éventuels dérapages ou son indiscipline[4]. Charmés par un bel enfant, les instituteurs vont manifester une attention particulière : sourires fréquents, regards, petits mots mais aussi encouragements et soutien pédagogique. Au total, l'enfant aura été soutenu affectivement, il aura été stimulé et récompensé. Dans un tel environnement, on comprend que les notes des beaux enfants soient meilleures.

L'amitié entre pairs vient encore renforcer ce phénomène de promotion ou d'exclusion lié à l'apparence physique. Certes, les parents surveillent les fréquentations de leur enfant, mais rares sont ceux qui imaginent que, pour favoriser sa réussite, ils devraient privilégier ses amis les plus beaux ! Et pourtant... Ce qu'on constate chez les adultes vaut

---

2. M. Clifford et E. Walster, « The effect of physical attractiveness on teacher excpectation », *Sociology of Education*, 46, 1973, p. 248-258.

3. K. K. Dion *et alli*, « What is beautiful is good », *Journal of Personality and Social Psychology*, 24, 1972, p. 285-290.

4. K. K. Dion, « Physical attractiveness and evaluation of children's transgressions », *Journal of Personality and Social Psychology*, 24, 2, 1972, p. 207-213.

aussi chez les petits : ils auront, en règle générale, des amis qui leur ressemblent[5]. Les points communs favorisent le rapprochement et le bon vieil adage se vérifie dans la pratique.

Dans la mesure où l'apparence est associée à de multiples qualités (ou défauts), le fait d'être plutôt beau (ou laid) et entouré d'amis eux-mêmes plutôt beaux (ou laids) redouble la force des *a priori* positifs (ou négatifs) liés au physique. Une dynamique de succès ou d'échec se met en place. Les enfants appréciés par leurs camarades et leurs professeurs se lieront avec d'autres enfants appréciés par leurs camarades et leurs professeurs, et ils en tireront avantage. Ceux qui sont rejetés par leurs pairs et mal aimés des enseignants, qui les trouvent moins intelligents et difficiles, se trouveront des compagnons d'infortune qui nuiront un peu plus à leur image...

L'effet Pygmalion

Le cercle vicieux de l'exclusion ou de la réussite est si implacable que les enseignants ne se trompent finalement pas beaucoup lorsqu'ils pronostiquent chez tel enfant de brillantes études et identifient chez tel autre de piètres aptitudes scolaires. On peut ainsi parler de « prédiction créatrice », de « prophétie autoréalisatrice » ou d'« effet Pygmalion », puisque les enfants finissent bel et bien par se conformer à l'image attendue et par se comporter comme les adultes de leur entourage l'ont prévu. Les préjugés des enseignants, des camarades de classe, de la

---

5. T. F. Cash et V. J. Derlega, « The matching hypothesis : Physical attractiveness among same-sexed friends », *Personality and Social Psychology Bulletin*, 4, 1978, p. 240-243.

famille et, plus largement, de tout l'entourage présent dans la vie quotidienne convergent. Les enfants séduisants peuvent compter sur de la bienveillance, du soutien, des encouragements, de l'aide, de la tolérance et de l'admiration. Les moins séduisants doivent y renoncer, ce qui les handicape sérieusement.

À l'arrivée, beaux et laids finissent par se comporter comme il était prévu. Leurs conduites effectives sont celles que le sens commun leur a attribuées dès l'enfance. Pire, plus un enfant est confronté au regard et au jugement des autres, plus sa personnalité et son comportement correspondront au préjugé. Une étude a ainsi été menée auprès de groupes d'écoliers âgés de 3 à 9 ans. On a pu constater à cette occasion que les filles mignonnes étaient effectivement douces, réceptives et séductrices tandis que les beaux garçons se révélaient peu agressifs, autonomes et sûrs d'eux. En revanche, les enfants particulièrement laids développaient des comportements déviants. Quelques années plus tard, avec des enfants âgés de 9 à 18 ans, les différences s'étaient creusées. L'assurance des plus mignons s'était développée, mais l'agressivité et l'anxiété des moins beaux s'étaient accrues et leur estime personnelle avait décliné. Pouvait-il en être autrement après tant d'années de traitement discriminatoire et injuste au regard de leurs capacités réelles ? Ils sont intelligents, mais on ne le croit pas, leurs devoirs sont moins bien notés, leurs prestations orales sont moins appréciées...

La beauté, c'est du talent !

La performance des jeunes à l'école, au collège et au lycée varie en fonction de leur capacité de séduction. Le physique d'un élève prédit entre 20 % et 40 % de la variance de ses résultats scolaires, soit autant que ses compétences proprement scolaires[6]. Attestée par les études menées dans plusieurs pays à l'intérieur de classes de différents niveaux, la notation « à la tête du client » ou la « note de gueule » est plus répandue qu'on ne l'imagine. L'une des expériences possibles[7] consiste à demander à des évaluateurs masculins de noter les devoirs réalisés par des étudiantes. Les copies qu'on soumet à leur appréciation sont, objectivement, tantôt bonnes, tantôt mauvaises. Dans certains cas, une photo est jointe qui montre tantôt une belle étudiante, tantôt une étudiante d'une beauté clairement inférieure à la moyenne. Dans d'autres cas, les évaluateurs ne disposent pas de photo.

Les résultats de l'étude sont éloquents, qu'on en juge :

— *Quand il n'y a pas de photo*, le bon devoir reçoit une note moyenne de 6,6 sur 10 et le mauvais obtient 4,7. Cette évaluation est équitable au sens où elle n'a pas été altérée par des considérations physiques.

— *Quand la photo est jointe au devoir et que l'étudiante est belle*, la prime de beauté se traduit par une augmentation de la note pour un devoir médiocre : on passe de 4,7 à 5,2. Quand l'étudiante possède des charmes moins évidents, l'effet est désastreux puisqu'une bonne copie n'obtient plus que 5,9 au lieu de 6,6. Ce n'est pas tout : si, par malheur, cette étudiante peu séduisante a réalisé un mauvais devoir, la sanction est très brutale puisqu'on dégringole à 2,7.

En somme, une bonne étudiante, fût-elle laide, n'est pas exagérément défavorisée, mais tout de même un peu. En revanche, si l'étudiante est mauvaise, le fait qu'elle soit belle

---

6. J. Maisonneuve et M. Bruchon-Schweitzer, *Le Corps et la beauté*, Paris, PUF, 1999.

7. D. Landy et H. Sigall, « Beauty is talent — Task evaluation as a Function of the Performer's Physical Attractiveness », *Journal of Personality and Social Psychology*, 29, 1974, p. 299-304.

ou pas revêt une importance primordiale. Seules les belles étudiantes auront le bénéfice du doute. Les examinateurs les créditent spontanément de plus hautes capacités : elles sont intelligentes, sensibles, talentueuses, etc. En somme, pour un évaluateur, la beauté, c'est du talent.

Aux États-Unis, l'accès aux grandes écoles et aux universités, lorsqu'il s'appuie sur des entretiens en face à face, donne un avantage évident aux candidats qui sont les plus séduisants. Cela provient de leur aisance supérieure à l'oral qui est en général plus élevée, mais surtout de leur apparence[8]. Le système éducatif français, lui, s'est employé à enrayer la dictature de l'apparence, mais sans y parvenir vraiment[9]. L'anonymat des candidats à un examen ou concours est un élément essentiel de cette volonté. Les chantres du développement du contrôle continu, en substitution des épreuves écrites, ne mesurent pas combien ce type d'évaluation accentue les inégalités sociales. Les enfants de milieux favorisés ont tout à gagner au contrôle continu et à la multiplication des oraux et entretiens en remplacement des épreuves écrites anonymes. Leur capital beauté, leur habileté vestimentaire et les facilités orales qu'ils tiennent de leur milieu, comme l'ont établi des études de l'INSEE, y trouvent un terrain propice. La reproduction sociale fonctionne d'autant plus efficacement que l'on donne la possibi-

---

8. C. Shahani *et alii*, « Attractiveness bias in interview », *Basic and Applied Social Psychology*, 14, 1993, p. 317-328.

9. Les enseignants ont également été souvent émus par « l'affaire du foulard à l'école » (il s'agit du foulard porté par des jeunes filles musulmanes). Personne n'a évidemment la naïveté de croire que derrière des apparences voisines d'où sont bannis les signes distinctifs, derrière l'uniformité des blouses, ne réapparaissent pas l'appartenance de classe, la beauté ou la laideur. Néanmoins, l'école de la République qui s'assignait une mission d'intégration et reposait sur des principes méritocratiques s'était efforcée, par la laïcité et le refus des signes religieux, à l'égalité de tous devant l'école. En permettant que s'expriment plus encore les différences religieuses, certains se sont demandé si l'on facilitait vraiment l'intégration.

lité aux élèves et aux étudiants de déployer leur pouvoir de séduction et leurs capacités orales, car ce capital est l'apanage des jeunes gens de familles aisées. Les oraux, qui jouent un rôle clef pour l'entrée aux grandes écoles, contribuent fortement à en interdire l'entrée aux jeunes issus de milieu modeste. Faut-il rappeler le rôle majeur que joue l'oral pour accéder aux écoles de commerce les plus prestigieuses ou à l'ENA ?

Si l'université ne pratique pas au même degré un ostracisme fondé sur le paraître, des entretiens existent pour certaines disciplines et pour l'obtention des diplômes. Cela ne peut que renforcer la prime dont bénéficient déjà ceux que leur origine, leur physique et leur apparence distinguent, et il conviendrait de faire un usage modéré et lucide de cet instrument de sélection. Dans le même temps, la faible place réservée à l'oral constitue une grave limite de la formation universitaire de notre pays. Mieux vaudrait donc aider les étudiants à maîtriser les critères qui seront utilisés dans la vie professionnelle. Plus que la suppression des oraux, c'est la systématisation de l'entraînement à la prise de parole qui peut permettre de limiter, dans une certaine mesure, l'inégalité des chances qui existe entre les jeunes de milieu favorisé et les autres. Hélas, le collège, le lycée[10] et l'université préparent très peu à la présentation d'idées et à la mise en scène de soi que suppose l'entretien en face à face et la prise de parole en réunion ou en public. Peu sensibilisés et mal préparés à l'oral, nombre de jeunes défavorisés par leur origine ou leur appartenance sociale seront ainsi handicapés dans leur vie scolaire et professionnelle.

---

10. C'est la conclusion d'un rapport de l'inspection générale de l'Éducation nationale : *La place de l'oral dans les enseignements : de l'école primaire au lycée*, septembre 1999.

On le voit, il reste beaucoup à faire pour que le système éducatif français puisse jouer son rôle, qui n'est pas de reproduire à l'identique les inégalités sociales. La prise de conscience des effets insidieux de l'apparence, le maintien des modalités d'évaluation qui les neutralisent et l'apprentissage précoce des moyens permettant de les maîtriser doivent être pris en compte pour que les principes régissant l'école de la République puissent se maintenir.

Chapitre 4

CONQUÊTES SEXUELLES, MARIAGE ET RÉUSSITE

Si l'on se fie aux déclarations, le physique jouerait un rôle négligeable dans le choix du compagnon de vie ou du partenaire sexuel, en particulier chez les femmes. Pourtant, les études et les observations confirment toutes l'importance du physique dans la vie amoureuse et sexuelle. Niée comme critère déterminant, la beauté opère, en vérité, une sélection rigoureuse, mais inconsciente ou tacite.

Ce que disent les femmes

Un sondage réalisé par la SOFRES auprès d'un échantillon de Françaises[1] portait sur la qualité essentielle que devait présenter l'homme idéal. Les femmes interrogées ont répondu de la façon suivante à la question : « Pour vous personnellement, l'homme idéal, c'est d'abord un homme... ».

---

1. *Le Figaro Madame*, avril 1999, sondage réalisé les 12 et 13 mars 1999 par téléphone sur un échantillon national représentatif de 525 femmes.

La caractéristique essentielle de l'homme idéal	
Gentil, attentionné	76 %
Bon père	65 %
Responsable, sur qui on peut compter	61 %
Intelligent	37 %
Drôle	31 %
Tendre	30 %
Généreux	27 %
Bon amant	17 %
Beau	14 %
Ayant réussi socialement	14 %
Surprenant	8 %
Sans opinion	1 %

Ainsi l'attirance sexuelle jouerait un rôle marginal. Les femmes interrogées déclaraient à 94 % préférer un homme qui reste « naturel » et seulement 6 % reconnaissaient préférer un homme qui « cherche toujours à être séduisant ». Le statut social et la réussite professionnelle seraient pareillement négligeables dans le choix de l'homme idéal. Pour 77 % des femmes, la perle rare serait celle qui ralentit sa carrière pour se consacrer à sa famille ou à d'autres activités.

Ces réponses ne correspondent pas à la réalité. On sait, par exemple, que les femmes choisissent des hommes d'un niveau social comparable ou supérieur au leur. Un homme gentil et tendre, bon père, drôle et intelligent mais simple salarié agricole a peu de chances d'être choisi comme conjoint par une jeune fille sortant d'une grande école de commerce. L'homogamie reste forte en France, et les raisons les plus importantes dans le choix du conjoint sont, en réalité, la position sociale et l'attirance physique. Ces deux critères ne sont pourtant mentionnés qu'incidemment.

Répondant à une autre question du sondage, les femmes interrogées avouaient d'ailleurs apprécier les hommes dont le métier correspond à un statut social plutôt élevé, sans se rendre compte qu'elles avaient affirmé plus haut n'y attacher aucune importance. L'homme idéal est médecin ou chef d'entreprise, deux professions qui ne sont pas synonymes d'échec social. Sur le plan physique, l'homme rêvé est plutôt musclé, pas enveloppé, ni trop petit ni trop grand, mais plus grand que sa femme, etc. Il est, du reste, significatif que les sondeurs se soient obstinés à interroger les femmes sur ce sujet alors même qu'elles déclaraient n'y accorder aucune valeur. Comme s'ils étaient convaincus de l'importance primordiale du statut social et du physique pour les femmes...

Dans un autre sondage[2], on a demandé aux femmes quelles étaient leurs principales armes de séduction. Voici leurs réponses :

• un caractère sympathique : 60 %
• le sens de l'humour : 50 %
• l'intelligence : 33 %
• la silhouette : 23 %

Là encore, si l'on s'en tenait aux déclarations, l'apparence aurait bien peu d'importance. Pourtant, les femmes portent indéniablement un grand intérêt à leur corps, leurs vêtements, leur maquillage et leur coiffure. Les enquêteurs savent, d'expérience, que les réponses aux questions relevant de la sexualité ou de l'amour sont fantaisistes. Les personnes interrogées y répondent de manière conformiste en dissimulant leurs véritables préférences. On comprend, dans ces conditions, que l'observation directe des faits soit souvent préférable aux déclarations individuelles souvent biaisées.

---

2. Le Figaro Madame/BVA, mars 1998.

Plusieurs études ont montré que nous n'acceptons pas de reconnaître, à sa juste mesure, l'importance que revêt le physique dans nos choix amoureux. Des recherches ont été menées pour déterminer si cette sous-estimation était attribuable à l'incapacité des individus à effectuer une introspection exacte ou s'il fallait incriminer la volonté délibérée de fausser les motifs[3]. Pour le savoir, on a montré à un ensemble de femmes les photographies d'éventuels partenaires masculins, tout en leur donnant des informations sur la personnalité des hommes représentés. On leur demandait ensuite de choisir celui qui leur paraissait le plus désirable au vu de ces différents éléments et on les invitait à s'expliquer sur les raisons de leur choix.

Il est apparu que seuls les hommes d'un physique agréable trouvaient grâce aux yeux des femmes interrogées, indépendamment de leur personnalité. Toutefois, cette évidence n'était pas spontanément reconnue. On a alors fait croire à certaines femmes qu'elles étaient reliées à un détecteur de mensonges. Ce subterfuge a permis de se rendre compte que les femmes étaient parfaitement conscientes des raisons réelles qui les avaient poussées à choisir un des hommes proposés. Persuadées d'être reliées à un détecteur de mensonges, elles reconnaissaient avoir été surtout influencées par le physique et non par les traits de personnalité. En revanche, elles admettaient moins volontiers l'importance de l'apparence lorsqu'il n'y avait pas de détecteur.

L'importance de l'apparence ne s'explique pas seulement par des considérations sexuelles. Le visage, en particulier, est utilisé comme le signe de certaines caractéristiques.

---

3. T. Hadjistavropoulos et M. Genest, *The underestimation of the role of physical attractiveness in dating preferences : ignorance or taboo ?*, University of British Columbia, 1994.

En raison des stéréotypes associés aux différents types physiques, on attribuera ainsi certains traits de visage, plutôt féminins, aux hommes gentils ou aux bons pères. Les femmes qui recherchent un profil psychologique précis ou des qualités particulières se tourneront vers des hommes dont l'apparence reflète, à leurs yeux, ces caractéristiques. Ainsi, une apparence qui plaît n'est pas seulement belle, elle signale des traits de personnalité et un statut social.

L'attirance physique

L'attirance physique joue indéniablement un rôle de premier plan dans l'intérêt que les hommes et les femmes se portent. C'est, bien entendu, le cas lors d'un rendez-vous avec un inconnu : la première impression est alors décisive et l'attirance sexuelle constitue un facteur déterminant[4]. Si personne n'ignore que le physique compte lorsque deux individus se rencontrent ou sont à la recherche de relations sporadiques, on sait peut-être moins l'importance de l'apparence quand il s'agit de construire une histoire sur le long terme[5].

Chaque individu est doté d'un potentiel de séduction qui sera utilisé sur le marché sexuel et matrimonial. Nous avons d'ailleurs parfaitement conscience de disposer d'un capital plus ou moins important en ce domaine. C'est pourquoi nous

---

4. H. T. Reis *et alii*, « Physical attractiveness in social interaction », *Journal of Personality and Social Psychology*, 38, 4, 1980, p. 604-617.

5. Une étude effectuée sur près de 2 000 Espagnols confirme ce constat et montre que la manière de tomber amoureux dépend de l'apparence de l'autre. Les sentiments et pensées associés à l'amour comme l'intimité, la passion, l'engagement ou encore l'idéalisation sont liés à l'attirance physique. En outre, la relation amoureuse est jugée plus satisfaisante par les individus lorsque leur partenaire est physiquement attirant. J. L. Sangrador et C. Yela, « What is Beautiful is loved : physiual attractiveness in love relationships in a representative sample », *Social Behavior and Personality*, 28(3), 2000, p. 207-218.

avons tendance à choisir en vue d'une union durable des personnes qui disposent d'un capital de séduction équivalent au nôtre. Le test a été fait auprès d'une centaine de couples de plusieurs universités américaines[6]. On a alors pu constater que les garçons et les filles de ces couples se situaient, aux yeux d'observateurs extérieurs, au même niveau de séduction. Bien plus, chaque partenaire se plaçait lui-même à un niveau correspondant à celui de son partenaire !

Certes, l'amour rend aveugle, mais on peut y voir aussi une réponse convenue donnée aux enquêteurs. Il est presque obligatoire de déclarer que le miracle de l'amour a opéré et que son partenaire est merveilleux et supérieur à soi. On ajoutera, ensuite, que de toute façon la beauté n'a pas été un élément déterminant du choix. Même si tout cela est faux, c'est socialement ce qu'il faut dire.

Les couples stables qui appartiennent au même milieu social sont ceux dont les partenaires ont un capital de séduction équivalent. On s'est aperçu que plus l'histoire d'un couple prenait une tournure sérieuse, susceptible de conduire au mariage, et plus le capital beauté des deux partenaires était proche.

Pour un rendez-vous sans lendemain, pour une aventure sexuelle, les apparences peuvent être inégales. Cette situation, en revanche, est rare lorsque le couple est durable. Le bon sens, confirmé par des études scientifiques, permet d'en comprendre la raison. Si la beauté de l'un des partenaires est supérieure à celle de l'autre, alors il y a risque d'infidélité et de trahison. Celui qui se sait moins séduisant en est d'ailleurs conscient et sait à quel point la pérennité de son couple n'est pas assurée.

---

6. B. Murstein, « Physical attractiveness and marital choice », *Journal of Personality and Social Psychology*, 22/1, 1972, p. 8-12.

De fait, l'inégalité des capitaux de séduction condamne en général un couple. Pour le vérifier, on a suivi pendant plusieurs mois un groupe de 123 couples d'étudiants de l'Université de Californie à Los Angeles[7]. Certains étaient de formation récente ou encore peu solides et l'un des deux partenaires avouait avoir des relations occasionnelles avec d'autres étudiants ou étudiantes : 20 % des couples fonctionnaient sur ce modèle. D'autres étaient constitués depuis plus d'une année et pouvaient être qualifiés de sérieux, si l'on en juge par la fidélité que se vouaient les partenaires : ils représentaient 50 % de l'échantillon. D'autres encore étaient des couples assez robustes, qui se connaissaient depuis près de deux ans et qui avaient décidé de vivre sous le même toit depuis un an : 14 % étaient dans ce cas. Enfin, 17 % étaient fiancés ou mariés.

Il est apparu qu'il était finalement assez simple de prédire lesquels, parmi les couples récemment constitués, iraient le plus loin. Un couple encore balbutiant, ou même un couple plus sérieux, ne se transformait en couple cohabitant ou marié que si le capital de séduction des deux partenaires était équivalent. De façon générale, les couples mariés sont composés de conjoints dont la beauté est comparable (la corrélation est de 0,72) alors que les couples plus précaires sont davantage dissemblables (la corrélation n'est plus que de 0,19)[8].

On comprend mieux, dans ces conditions, le besoin de compensation en cas de capital de beauté inégal. En l'occurrence, il est fréquent que le statut social, la puissance ou la richesse viennent contrebalancer l'inégalité physique.

---

7. W. L. Gregory, « Physical attractiveness and courtship progress », *Journal of Personality and Social Psychology*, 39, 4, 1980, p. 661-668.
8. N. Cavior et P. Boblett, « Physical attractiveness of dating versus married couples », *Proceedings of the 80th annual convention of the American Psychological Association*, 7, 1972, p. 175-176.

Ce sont le plus souvent les hommes qui possèdent le capital économique ou le statut social susceptible d'être échangé sur le marché matrimonial. Les femmes qui accèdent encore trop peu dans nos sociétés aux postes de pouvoir ont, en comparaison, plus souvent l'occasion de monnayer leur capital de séduction. Cela ne signifie pas que les hommes n'utilisent pas leur beauté sur le plan scolaire ou profession-nel mais, sur le marché matrimonial, ce sont les femmes qui, de fait, utilisent davantage leurs atouts physiques.

Comme le note François de Singly[9], « la beauté est un attribut féminin ». Les femmes peuvent tirer un bénéfice de leur beauté. Celle-ci a un prix et constitue éventuelle-ment une monnaie d'échange. Le sociologue montre que les femmes séduisantes ont plus de chances de réaliser un « beau mariage », c'est-à-dire avoir un époux ayant un statut social supérieur au leur. Si on se fie aux petites annonces parues dans Le Chasseur français, les hommes bénéficiant d'une position sociale élevée rêveraient d'une femme belle dans 62 % des cas. Ils seraient moins attentifs au capital économique de leur épouse éventuelle, puisque 32 % seu-lement d'entre eux veulent avant tout une femme riche. Tout se passe comme si la beauté d'une compagne possé-dait une valeur et que la « fonction » des femmes était notamment de distinguer un couple sur le plan esthétique. Les hommes bénéficient d'ailleurs des qualités esthétiques de leurs partenaires. Un homme ayant une belle femme sera perçu par les autres comme plus intelligent et plus sympathique.

Les hommes qui demandent l'excellence esthétique possèdent souvent l'excellence esthétique et l'excellence

---

9. F. de Singly, *Fortune et infortune de la femme mariée*, Paris, PUF, 3ᵉ édi-tion, 1994.

sociale. Un homme beau et riche attend plus de rencontrer une femme belle qu'un homme simplement beau[10]. Si l'origine sociale et les diplômes restent les critères les plus importants pour faire un beau mariage, il est certain que le capital esthétique constitue un apport souvent non négligeable compte tenu des souhaits des hommes en la matière.

Pour une femme d'origine populaire, la beauté ne sera pas un atout suffisant ; elle ne deviendra utile en vue d'une bonne opération matrimoniale que si elle est combinée à un capital scolaire[11]. En revanche, les femmes déjà favorisées par leur origine sociale peuvent se contenter de disposer d'un capital scolaire, d'ailleurs moindre, et leur beauté éventuelle ajoutera peu à leur valeur. L'apparence des jeunes filles joue donc un rôle important pour celles dont les parents appartiennent à des milieux populaires ou qui sont issues de la classe moyenne. François de Singly précise encore qu'un diplôme de niveau élevé, c'est-à-dire une bonne « dot scolaire », n'augmente leur valeur matrimoniale qu'à la condition expresse d'être couplé avec une autre richesse, en l'occurrence, un physique agréable et supérieur à la moyenne. Pour les filles de milieu populaire et de classe moyenne, l'apparence revêt donc un caractère stratégique.

Les femmes d'aujourd'hui sont plus attentives aux charmes des hommes maintenant qu'elles ont acquis une plus grande indépendance financière et tiennent moins leur position sociale de leur seul mari. Toutefois, elles focalisent moins que les hommes sur la beauté de leur conjoint éventuel. Tout en tenant compte du fait que les femmes ne reconnaissent pas aussi facilement l'intérêt qu'elles ont pour un

---

10. *Ibid.*
11. *Ibid.*

partenaire au physique agréable, il reste vrai que la beauté masculine est moins recherchée. L'âge au moment du mariage confirme d'ailleurs la plus grande importance de la beauté dans le choix de l'épouse. En moyenne, les femmes sont, en effet, plus jeunes que leur mari et 35 % pensent qu'il est préférable dans un couple que l'homme soit plus âgé[12]. Les hommes valorisent la jeunesse et la beauté alors que, sans être insensible aux charmes masculins, l'épouse préférera un compagnon plus âgé dont la position sociale, le pouvoir économique ou le potentiel est plus élevé et plus sûr. Cette règle qui s'observe en France est aussi largement en vigueur dans le monde. Une enquête portant sur 37 pays a ainsi montré que les épouses étaient en général plus jeunes que leur mari[13].

Nous savons que les atouts utilisés par les deux sexes dans leurs stratégies de conquête ne sont pas exactement les mêmes. Quand on demande à des hommes et des femmes mariés ce qu'ils ont fait la première fois pour essayer de séduire leur futur conjoint, ils donnent des réponses très différentes[14]. Les hommes ont généralement fait un cadeau, dépensé de l'argent et insisté sur leur succès professionnel : il leur fallait affirmer leur statut social et leur surface financière. Si l'occasion s'est présentée, ce qui n'est pas toujours possible, ils ont fait montre de leur force physique et de leurs capacités athlétiques. Les femmes, elles, se sont mises à la diète ; elles ont souvent acheté de nouveaux vêtements ; elles se sont maquillées, lavé et coiffé les cheveux.

---

12. *Francoscopie*, Paris, Larousse, 1999.
13. D. M. Buss, *Sex Differences in Human Mate Preferences : Evolutionary Hypotheses tested in 37 Cultures*, Cambridge, Cambridge University Press, 1989.
14. *Ibid.*

Culte du corps : les hommes aussi

Pour être parfaitement honnête, il faut reconnaître que cette distinction entre atouts féminins et atouts masculins a été largement exagérée. Les femmes détiennent depuis longtemps, au même titre que les hommes, d'autres formes de capital comme l'instruction, le réseau relationnel (l'appartenance à la noblesse, par exemple) ou la fortune (par exemple, la caution d'une famille d'industriels riche et puissante). Inversement, les hommes ont toujours tiré bénéfice d'une belle apparence. Nous l'avons vu, leurs succès scolaires ou professionnels ne sont pas totalement étrangers à leur pouvoir de séduction, c'est-à-dire à l'attrait de leur corps et de leur mise. Cela dit, il est certain que le physique masculin joue à notre époque un rôle croissant et déterminant, et les hommes l'ont parfaitement compris[15].

Par exemple, 51 % d'entre eux ont le sentiment que les femmes d'aujourd'hui sont devenues plus exigeantes sur ce plan qu'il y a seulement dix ou vingt ans[16]. L'apparence masculine devient un capital très précieux. En témoigne l'essor des magazines masculins consacrés au physique et à la beauté. L'année 1999 aura été celle du lancement d'une presse masculine s'inspirant en partie des journaux féminins plus anciens. On peut citer *Men's Health* (titre américain

---

15. L'entretien du corps occupe une place croissante dans la vie des Français. Il s'agit d'une tendance forte de notre société. Comme l'explique Gérard Mermet, « Conscients de l'importance qu'il revêt dans leur vie professionnelle, sociale, familiale ou personnelle, les Français font des efforts pour être en bonne santé et rester en forme. » Cette évolution du rapport au corps « se traduit par une recherche du plaisir des sens, y compris ceux qui ont été un peu oubliés jusqu'ici, comme l'odorat ou le toucher ». Les hommes comme les femmes sont concernés par cette tendance. *Francoscopie*, Paris, Larousse, 1999.

16. Sondage SOFRES réalisé en juillet 2000 auprès d'hommes de plus de 18 ans.

sorti en France en avril 1999), *FHM* (magazine britannique sorti en juin 1999), *Kromozon* (publication française sortie en octobre 1999) ou encore *M. Magazine* (1999). En 2000 a été lancé un nouveau concurrent, *Maxim*.

La croissance du marché des soins corporels destiné aux hommes est un autre indicateur. Les cosmétiques connaissent depuis vingt ans une véritable explosion : 60 % des hommes déclarent désormais se parfumer et ils ne sont que 21 % à penser que suivre la mode est une préoccupation futile[17]. La population masculine constitue aujourd'hui une part significative de la clientèle des instituts de beauté et la moitié des patients du chirurgien plasticien Jean-Claude Dardour serait, dit-on, des hommes venus pour des implants capillaires, des réductions de tonsure ou des liposuccions[18]. La préoccupation esthétique serait forte au point d'engendrer des insatisfactions et des craintes : 50 % des hommes avouent ainsi un ou plusieurs complexes physiques[19] et 14 % ont peur de perdre leurs cheveux[20]. Chez les hommes de moins de 40 ans, le nombre de complexés atteint même 60 % !

Les paradoxes de la libération des corps

Les hommes comme les femmes sont donc de plus en plus victimes d'une tyrannie de l'apparence qui s'exerce d'autant plus facilement que l'on a libéré les corps. L'intérêt renouvelé pour l'apparence en général provient d'une évolution qui a fait

---

17. Sondage IPSOS-Galeries Lafayette publié par *Femme actuelle* en 1999.
18. J.-C. Dardour, *Les Tabous du corps*, Paris, J. Granger, 1999.
19. On apprend aussi que 18 % sont complexés par leur ventre ; 14 % par leur poids et 12 % leurs dents.
20. Sondage SOFRES réalisé en juillet 2000.

exploser les carcans traditionnels pour, paradoxalement, aliéner davantage.

Dans les sociétés d'autrefois, les tenues disaient tout ce qu'il y avait à savoir. Aujourd'hui, nous existons par nous-mêmes et non plus par l'uniforme ou le code vestimentaire que nous impose notre position sociale. Cette liberté entraîne une importance accrue de l'aspect physique : nous sommes dévoilés et jaugés là où nous pouvions, avant, nous abriter derrière les conventions, le rang, la caste ou un statut social bien établi. Le culte du corps, le « corporéisme », traduit cette dérive.

Alors que les sociétés préindustrielles étaient encore réglées par des codes précis qu'il ne fallait pas transgresser, la société industrielle et postindustrielle place les individus dans des situations plus incertaines et plus difficiles. Le sort qui est réservé à chaque homme et à chaque femme n'est plus autant prédéterminé et connu à l'avance (dès la naissance, en fonction de la simple position paternelle). Les individus ont une responsabilité accrue quant à leur devenir, leurs succès scolaires et professionnels, leurs succès sexuels. Les positions sociales sont moins définitivement acquises, le choix du conjoint est compliqué et la pérennité des mariages guère garantie.

Du coup, la compétition entre les individus s'est exacerbée et le règne du marché s'est étendu. On assiste, en somme, à une « extension du domaine de la lutte » et à une intensification de la compétition sur le plan social, économique mais aussi sexuel. Il faut conquérir, consommer et conserver l'autre. Le marché est partout là où il existait avant des normes et des lois qui pouvaient servir de modérateurs. Le féminisme et la libération des mœurs ont accéléré la libéralisation du marché sexuel, et les individus doivent séduire plus pour des profits incertains et fragiles.

La lutte entre les hommes sur le terrain sexuel s'exacerbe pour des raisons que Jean-Jacques Rousseau avait bien identifiées dans le *Discours sur l'origine et les fondements de l'inégalité parmi les hommes*. Il y a dans le sentiment amoureux deux grands ressorts. L'un est purement physique, c'est le « désir général qui porte un sexe à s'unir à l'autre ». L'autre est moral, c'est « ce qui détermine ce désir et le fixe sur un seul objet exclusivement, ou qui du moins lui donne pour cet objet préféré un plus grand degré d'énergie ». Selon Rousseau, l'attirance pour une femme, en particulier, se fonde dans nos sociétés sur les qualités morales et sur la beauté. Dans ces conditions, les hommes convoitent certaines femmes plus que d'autres. Ils convoitent celles qui ont, suivant ces deux critères, une valeur supérieure aux autres. Cette supériorité, qui est une construction sociale, confère aux heureuses élues une valeur de rareté[21].

La compétition entre les hommes est ainsi amplifiée par l'émergence et le développement de normes relatives au beau. Plus s'impose un standard de beauté et plus la lutte pour la conquête des femmes qui ressemblent à cet idéal s'exacerbe. Il en résulte une certaine frustration due aux désirs inassouvis et aux règles qui régulent la lutte en vue de l'appropriation des femmes les plus désirables. Et ces règles, comme le note Rousseau, sont rendues nécessaires par les normes sociales qui ont façonné les standards de la beauté et produit des effets de concurrence catastrophiques : « Plus les passions sont violentes, plus les lois sont nécessaires pour les contenir. »

---

21. La situation est différente selon Rousseau dans une société moins avancée. Dans le même *Discours*, il écrit ainsi : « Bornés au seul physique de l'amour, et assez heureux pour ignorer ces préférences qui en irritent le sentiment et en augmentent les difficultés, les hommes doivent sentir moins fréquemment et moins vivement les ardeurs du tempérament et par conséquent avoir entre eux des disputes plus rares, et moins cruelles. »

Ce qui se produit aujourd'hui et dont témoigne notamment le succès des ouvrages de Michel Houellebecq, est un effondrement des règles qui contenaient naguère, du moins dans des limites raisonnables, la compétition sexuelle. C'est, dans une période marquée par un raffinement, une extension, un impérialisme des codes sociaux de l'apparence que les règles évoquées par Rousseau fléchissent et livrent les individus aux lois sévères du marché sexuel.

Un capital de beauté

Les femmes et, à un moindre degré, les hommes au physique agréable disposent d'un capital qui peut se transformer en avantage sur le plan social, sexuel, matrimonial, scolaire et professionnel. Elles bénéficient d'une mobilité sociale ascendante forte qui leur permettra, si elles le souhaitent, d'accéder à un statut social plus élevé que celui de leurs parents. À l'inverse, des économistes ont calculé que les femmes dont le physique était inférieur à la moyenne épousaient des hommes dont le niveau d'études était inférieur à ce qu'il devrait être compte tenu du niveau d'instruction de ces femmes[22]. Ainsi, l'homogamie serait en quelque sorte pondérée par un « coefficient de laideur ». Cette pénalité se répercute, à l'évidence, sur le devenir professionnel de l'épouse, puisque ce sont les revenus du ménage, le capital économique et le capital relationnel qui se trouvent amoindris par la situation du mari.

---

22. D. S. Hamermesh et J. E. Biddle, « Beauty and the labor market », *American Economic Review*, 84, 5, 1994, p. 1174-1194.

La beauté est bien un capital qui est monnayé sur le marché matrimonial. Un sociologue a étudié une cohorte de femmes américaines nées dans les années 1920 et qui se sont mariées autour de la seconde Guerre mondiale[23]. Il s'est intéressé, plus précisément, à l'impact de leurs performances scolaires et de leur pouvoir de séduction sur le cours de leur existence. Pour cela, il a suivi de près des groupes de collégiennes dont les pères étaient d'origine modeste ou bien appartenaient à la classe moyenne.

Quelles étaient donc celles qui, en 1958, avaient réalisé un « bon mariage » et dont le mari possédait un statut social supérieur à celui de leur propre père ? Il est apparu que les filles qui avaient vraiment progressé sur l'échelle sociale en épousant un homme de statut supérieur à celui de leur père étaient celles qui étaient les plus attirantes physiquement. Ce n'était pas l'intelligence ou la réussite des études qui avaient compté, mais le capital de séduction. Plus une femme réalisait une percée sociale importante et plus elle était dotée de qualités exceptionnelles et, en particulier, d'une apparence hors norme.

Ces femmes avaient été des adolescentes physiquement ou sexuellement plus attirantes que les autres. Toutefois, pour les jeunes filles dont le père appartenait à la classe ouvrière, on constatait qu'un beau mariage supposait un physique vraiment peu ordinaire. En outre, le capital de séduction n'était pas équivalent selon que le milieu social était favorisé ou défavorisé. L'étude a, en effet, établi que les jeunes filles de la classe ouvrière étaient, globalement, moins séduisantes que leurs camarades issues de la classe moyenne. Cette inégalité s'expliquait par des différences de

---

23. G. H. Elder, « Appearance and education in marriage mobility », *American Sociological Review*, 1969, p. 519-533.

normes concernant la corpulence, les soins du corps, les vêtements et la coiffure. S'y ajoutait sans doute aussi une dimension génétique, puisque certains aspects morphologiques sont transmissibles[24].

Les jeunes filles qui sont séduisantes, quel que soit leur milieu d'origine, ont conscience de détenir un capital précieux. Elles savent éviter les rapports sexuels précoces, adoptent les normes du groupe supérieur auquel elles sentent qu'elles peuvent appartenir un jour et ont une ambition évidente. La beauté est un capital, entretenu et magnifié, qu'elles ne dispersent pas aisément dans des rapports précoces et multiples et sans contrepartie sérieuse, comme un beau mariage ou une belle réussite sociale.

La reproduction sociale

Les femmes dont le mari appartient à un groupe social élevé répondent, semble-t-il, davantage aux canons actuels de la beauté. Elles ont, en particulier, une morphologie moins enveloppée, comme l'a montré Pierre Bourdieu dans son livre *La Distinction*. Elles se considèrent également comme plutôt plus belles que la moyenne et jugent avoir un visage, des yeux, des cheveux, un corps et des dents mieux que la moyenne. D'ailleurs, plus une femme a un conjoint exerçant une profession enviable et moins elle s'estime inférieure aux autres femmes sur le plan physique.

---

24. B. S. Bloom, *Stability and Change in Human Characteristics*, New York, Wiley, 1964. L'auteur y montre, par exemple, que la corrélation entre la taille des parents et celle des enfants est élevée.

Profession du chef de ménage			
Agric.	Ouv.	Empl. Cadre moy.	Cadre sup Prof lib Indus- triels
Femmes ayant une taille normalisée supérieure au 42 (en %) 33,7	24,2	20,4	11,4

SILHOUETTE FÉMININE ET POSITION SOCIALE DU CONJOINT
(D'après P. Bourdieu, 1979.)

Profession du chef de ménage			
Agric.	Ouv.	Empl. Cadre moy.	Cadre sup Prof lib Indus- triels
Femmes s'estimant au-dessous de la moyenne sur le plan de la beauté (en %) 40,2	36	33,2	24,2
Femmes pensant paraître plus que leur âge (en %) 13	14	10,1	7,6

BEAUTÉ FÉMININE, ESTIME DE SOI ET POSITION
SOCIALE DU CONJOINT (D'après P. Bourdieu, 1979.)

On ne sait pas dans les faits si le sentiment de ces femmes sur leur taille et leur beauté est totalement exact. Il reflète, en tout cas, une grande confiance en soi, ce qui est l'apanage de tous ceux qui ont réussi leur vie professionnelle ou matrimoniale. Cette assurance renforce l'aisance et conduit à faire encore plus cas de l'apparence physique. Celle-ci doit être préservée comme un capital précieux, ce qui explique l'usage intensif des soins du corps, du maquillage, du coiffeur et, parfois aussi, de la chirurgie esthétique. Convaincues d'être belles, ces femmes font davantage pour le paraître ou le rester, et elles en ont les moyens. Il est d'ailleurs probable qu'elles ont effectivement un capital initial supérieur à la moyenne compte tenu des mécanismes qui ont présidé à leur sélection sur le marché matrimonial...

On sait que l'homme idéal est plutôt grand et peu enveloppé. La femme idéale est également plutôt grande et surtout d'un poids modéré. De façon significative, la répartition des Français et des Françaises par taille et poids, selon leur catégorie socioprofessionnelle, montre à quel point les standards du physique idéal sont répandus dans les milieux favorisés. Les cadres supérieurs mesurent 175,6 cm en moyenne et 28 % d'entre eux mesurent plus de 180 cm. Les ouvriers mesurent 171,9 cm en moyenne et 17 % d'entre eux dépassent les 180 cm. Quant aux femmes cadres, elles mesurent 162,8 cm et pèsent 57,8 kg alors que les ouvrières mesurent 160,8 cm et pèsent 62,5 kg.

Ces normes physiques (taille, poids, etc.), vestimentaires, cosmétiques ou de coiffure sont utilisées par les hommes et les femmes lorsqu'il s'agit pour eux de nouer une relation durable et de se marier. Le partenaire idéal dont on tombe amoureux est justement quelqu'un qui réunit ces caractéristiques. Si l'on se marie entre soi (les cadres entre eux, les ouvriers entre eux, etc.), c'est bien entendu parce que les occasions de rencontre favorisent le rapprochement, mais aussi parce que l'apparence de l'autre le désigne comme un partenaire appartenant au même groupe social que le sien.

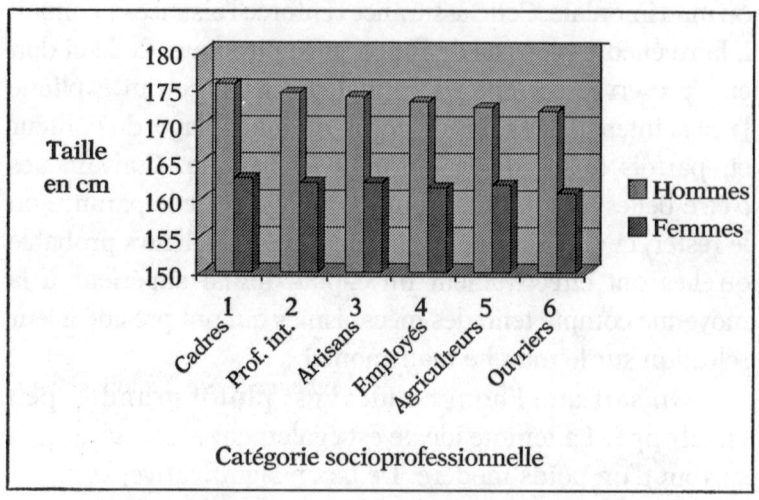

**TAILLE MOYENNE PAR SEXE EN FONCTION
DE LA CATÉGORIE SOCIOPROFESSIONNELLES**
(hommes/femmes)

1 : cadres supérieurs, professions intellectuelles supérieures
2 : professions intermédiaires
3 : artisans, comerçants, chefs d'entreprise
4 : employés
5 : agriculteurs
6 : ouvriers   (Source : INSEE, 1991.)

L'apparence est un capital et un marqueur social. Ce capital se transmet, comme le capital économique et social, d'une génération à l'autre. Il se maintient et se renforce pour plusieurs raisons. Citons, parmi les principales, l'homogamie, le succès professionnel des individus les plus séduisants, la mobilité ascensionnelle des femmes particulièrement belles et, à l'inverse, le relatif déclassement des femmes très peu séduisantes. Les inégalités entre les individus sur le marché matrimonial ou simplement sur un plan sexuel s'expliquent donc, en grande partie, par l'inégalité des apparences.

Chapitre 5

VIE PROFESSIONNELLE :
L'INAVOUABLE RÉALITÉ

> « La beauté est une meilleure recommandation
> que n'importe quelle lettre. »
> ARISTOTE.

Dans la vie professionnelle, l'apparence des individus joue un rôle que personne ne songe à nier. Qui ne se préoccupe, ainsi, de sa tenue avant un entretien ? Pourtant, malgré l'évidente prise en compte de cet élément par les employeurs, les supérieurs hiérarchiques, les clients ou les collègues de bureau, le rôle de l'apparence physique dans le cadre du travail demeure mal connu dans tous ses détails. Or son importance est cruciale non seulement au moment de l'embauche, mais aussi dans la bonne intégration au sein de l'entreprise, l'évaluation des performances et du potentiel ou encore dans le déroulement de la carrière.

Une question taboue

En France, la question de l'apparence physique et vestimentaire des candidats au recrutement n'est presque jamais traitée dans les très nombreux ouvrages consacrés à l'accès à l'emploi et, en particulier, à l'entretien d'embauche. Et lorsqu'elle est évoquée, la question est généralement expédiée en quelques lignes allusives.

Plusieurs raisons peuvent expliquer le peu d'intérêt que suscite apparemment cette dimension pourtant primordiale. En premier lieu, il y a sa prétendue trivialité : l'apparence est reléguée au rang d'objet secondaire par les cabinets de recrutement, les directions de ressources humaines ou même les chercheurs scientifiques en raison de son aspect futile. Ensuite, mettre en évidence l'importance des codes physiques et vestimentaires, c'est risquer de nuire à la crédibilité du processus d'embauche. Si les recruteurs sont influencés par le physique des candidats, ils ne l'admettront pas volontiers. Ce facteur ne semble pas constituer un critère légitime d'appréciation des qualités d'un candidat, même s'il est infiniment plus sérieux que l'astrologie et la chirologie...

Il faut enfin savoir que ces codes, qui favorisent et permettent la cooptation entre individus appartenant à des catégories sociales voisines ou identiques, sont d'autant plus utiles et efficaces qu'ils ne sont pas connus de tout le monde. C'est même parce qu'ils ne sont pas maîtrisés par tous les candidats qu'ils fonctionnement comme des critères de reconnaissance efficaces. Les mettre au jour reviendrait donc à dévoiler une des clefs de la sélection et le « filtre » utilisé par les recruteurs perdrait de son efficacité. Ces réticences expliquent que les apparences extérieures aient plutôt été abordées dans une optique *psychologique*. Dans les années 1980, la forme du visage et les gestes donnaient souvent lieu à une interprétation de la personnalité du candidat. Depuis, le recours à la morphopsychologie et la gestuologie lors des pratiques de recrutement a heureusement décliné. On ne peut que s'en féliciter compte tenu des faibles garanties de scientificité offertes par ces deux « disciplines »...

Pour comprendre le processus de recrutement, il paraît plus pertinent d'examiner la signification *sociologique* des apparences extérieures des individus, car les employeurs y seront sensibles, même s'ils ne l'avouent pas ou n'en ont pas pleinement conscience. Qu'ils l'admettent ou non, les chefs d'entreprise sont de plus en plus préoccupés par l'apparence de leurs salariés. Gérard Mermet souligne clairement cette évolution de la société française : « Les entreprises attachent une importance croissante à l'aspect corporel de leurs employés. Sans parler de la beauté physique, la taille et le poids, la façon de s'habiller ou de se coiffer, le port de la barbe ou de bijoux (chez les hommes comme chez les femmes) peuvent être des atouts ou des handicaps[1]. » Aux États-Unis, 50 % des employeurs déclarent qu'une apparence physique séduisante est un critère important pour occuper le poste pour lequel ils viennent de recruter (11 % jugent que c'est très important et 39 % que c'est plutôt important)[2]...

La gueule de l'emploi

Les évolutions récentes du travail imposent une attention encore plus grande à la mise en scène de soi qui commence lors de l'entretien d'embauche et qui se poursuivra dans le travail quotidien. La communication y tient une place accrue, ce qui explique que l'apparence corporelle et vestimentaire ait pu acquérir un statut primordial parmi les critères d'évaluation des candidats et des salariés.

---

1. *Francoscopie*, Paris, Larousse, 1999.
2. H. Holzer, *Multi-City Study of Urban Inequality*, East Lansing, Michigan State University, 1993.

Les emplois de service, qui impliquent des relations avec la clientèle et les fournisseurs, ont connu une formidable progression au point que le secteur tertiaire représente, à l'heure actuelle, plus des deux tiers de l'emploi total. On attend de plus en plus des salariés qu'ils soient polyvalents et qu'ils se montrent capables d'échanger des informations, d'entretenir des relations avec les autres services ou de négocier. Or ces compétences ne sont pas l'expression d'un savoir ou d'un savoir-faire ; elles impliquent des attitudes et des comportements, c'est-à-dire qu'elles mobilisent un certain « savoir-être ».

De leur côté, les entreprises sont de plus en plus soucieuses de leur « image », laquelle passe notamment par les vêtements portés par le personnel, surtout quand celui-ci est en contact avec le client ou l'usager. Sans parler de la réussite qu'elles sont parfois censées signifier, les apparences devront, dans la mesure du possible, refléter la culture de l'entreprise et, par exemple, évoquer le dynamisme ou la créativité que l'employeur souhaite valoriser. Dans le secteur du nettoyage industriel, alors que les traditionnelles « femmes de ménage » étaient vêtues de façon négligée, sans que personne ne s'en préoccupe, les entreprises les plus performantes cherchent aujourd'hui à se donner une apparence « respectable » et technique. Du coup, elles imposent à leurs agents de propreté le port d'uniformes impeccables, généralement de couleurs vives, pour symboliser le professionnalisme accru du secteur.

Le critère de l'apparence sera d'autant plus important qu'il révèle l'adhésion du salarié à la « culture d'entreprise », cet ensemble de valeurs et de normes comportementales qui fédèrent les individus au sein d'une organisation. On a souvent mis en lumière le fait que, chez IBM, le costume typique du cadre moyen, constitué d'un pantalon gris et d'une veste bleu marine, était sans rapport avec l'activité de l'entreprise mais quasi obligatoire parce qu'il signalait l'attachement à la firme. Cet « uniforme » s'opposait d'ailleurs à celui qui prévalait chez le concurrent Apple, où le code vestimentaire — tenue décontractée de rigueur, incluant le port de jeans et de baskets — était censé témoigner d'une atmosphère plus jeune et plus entreprenante[3].

La vogue récente du « friday wear » peut sembler conduire à un relâchement temporaire des normes vestimentaires. Le vendredi serait un jour de travail banalisé durant lequel les salariés seraient autorisés à porter des vêtements plus décontractés. En réalité, il n'en est rien. Toutes les études ont montré que le « friday wear » est aussi normé que le costume traditionnel, même si les règles sont plus floues : la décontraction, comme l'uniforme, doit faire l'objet d'un apprentissage. Aux États-Unis et au Japon, des défilés de mode sont ainsi organisés dans les entreprises et des vidéos sont diffusées pour permettre à chacun de mieux connaître les normes régissant la tenue décontractée et faussement naturelle qui est de mise certains jours.

Séduire, c'est vendre

On a constaté que, de leur côté, les clients préféraient également avoir affaire à des individus au physique agréable[4]. Une étude a notamment montré que les avocats

---

3. Cette culture est notamment en rapport avec le mythe fondateur de la firme, puisque Apple aurait été fondée par deux jeunes informaticiens pionniers du domaine, qui croquaient des pommes pendant leur travail...

4. O. DeShields *et alii*, « Source effects in purchase decisions : The impact of physical attractiveness and accent of salesperson », *International Journal of Research in Marketing*, 13, 1996, p. 89-101.

américains les plus séduisants étaient d'ailleurs ceux qui réalisaient le meilleur chiffre d'affaires[5]. Ce sont également ceux qui s'installent le plus souvent à leur compte. Les moins séduisants, en revanche, restent plus souvent simples employés et leurs revenus s'en ressentent. Dans ce métier, c'est la clientèle qui, plus encore que les employeurs, fait preuve de discrimination. Vraisemblablement, les juges et les jurés préfèrent aussi les avocats séduisants.

Les entreprises tirent de substantiels bénéfices de l'emploi de salariés séduisants. Cela permet la progression du chiffre d'affaires, même si les salaires sont plus importants. En effet, les gains obtenus *in fine* compensent amplement le surcoût salarial versé pour attirer et retenir ces salariés. Ce phénomène a été mis en évidence dans le secteur de la publicité[6], où le « capital beauté » des salariés augmente nettement les parts de marché de l'entreprise. Le professeur Hamermesh a ainsi calculé que les profits supplémentaires réalisés représentaient cinq fois ce qui était versé comme rétribution supplémentaire aux salariés les plus beaux.

Plus simplement, le sourire est un bien précieux pour une entreprise. Cela n'est pas très étonnant quand on sait que le sourire, et pour une femme le fait d'avoir la bouche entrouverte, est un élément apprécié dans n'importe quelle circonstance. En toute occasion, et *a fortiori* dans les relations avec la clientèle, le sourire et une belle apparence inspirent confiance et suscitent la sympathie. Dans le commerce de détail et, plus particulièrement, dans les bou-

---

5. D. Hamermesh et J. Biddle, « Beauty, productivity and discrimination : Lawyers'looks and lucre », *Journal of Labor Economics*, 16, 1, 1998, p. 172-201.

6. D. Hamermesh *et alii*, *Business Success and Businesses Beauty Capital*, University of Limburg/Maastricht, 1997.

tiques spécialisées dans le luxe, l'habillement ou la parfumerie, les qualités esthétiques du personnel constituent un atout essentiel. Cela était déjà vrai du temps de Zola qui rapporte à quel point les vendeuses d'Au Bonheur des dames contribuent au succès du magasin. Dans un décor oriental, qui fait penser à un harem ou à un hôtel, ces demoiselles, vêtues de leur soie réglementaire, promènent « leurs grâces marchandes, sans jamais s'asseoir sur la douzaine de chaises réservées aux clientes seules ». Il leur faut « sourire, faire la brave et la gracieuse », c'est-à-dire charmer et séduire avec toute l'ambiguïté et la connotation sexuelle que comporte cette mise en scène.

De nos jours, le physique agréable est un atout dans un nombre croissant de professions. Dans certains sports, par exemple, séduire les juges, les arbitres et le public par son physique contribue de plus en plus au succès et à la médiatisation. L'essor du tennis féminin est caractéristique de cette évolution. On sait désormais qu'il faut faire venir de jolies joueuses pour intéresser les médias et le grand public. Le phénomène s'est accéléré lorsque le producteur du film *Pretty Woman*, Arnold Milchan, a acheté en 1997 les droits de télévision du circuit féminin. Le public est, de fait, sous le charme d'Anna Kournikova ou Martina Hingis, et les autres joueuses font assaut de féminité pour ne pas être distanciées. Être belle permet de figurer sur la *comitment list* des organisateurs de tournois, c'est-à-dire la liste des 20 joueuses susceptibles d'attirer le public pour d'autres raisons que leurs résultats sportifs. S'il est vrai que les prix sont désormais presque égaux entre hommes et femmes, le mouvement de libération féminine, lancé sous l'impulsion de Billie Jean King, aura finalement mais paradoxalement réussi, puisqu'on est passé du Women's Lib' aux Baby-dolls.

Ce qui se produit dans le milieu du tennis est révélateur d'un phénomène plus général dans lequel les femmes, utilisées comme des produits de marketing, doivent accepter de s'exhiber ou de se dénuder[7]. Leur corps est un élément essentiel de la promotion dans des activités et des métiers où le sex-appeal n'est pas *a priori* un facteur de réussite. Et il semble que les sportifs masculins soient également concernés par cette exploitation du physique si on en juge par le calendrier des rugbymen du Racing où les joueurs posent nus dans des positions suggestives.

Le marché de l'édition n'a pas échappé au phénomène. Il est de plus en plus fréquent d'ajouter la photographie des jeunes filles qui écrivent des romans. La médiatisation dans la presse et à la télévision favorise évidemment les auteurs au physique agréable. Si cela n'enlève rien aux qualités réelles des écrivains, tout comme le charme d'Anna Kournikova n'ôte rien à la qualité de son jeu, la réussite littéraire semble bien, dans une part non négligeable, dépendre des apparences[8]. Récemment, on est même allé jusqu'à évoquer l'allure des jurés qui décernent les prix et certains ont ainsi fait remarquer que pour l'heure, les jurés du Goncourt n'étaient peut-être pas assez « people »… En Grande-Bretagne, le Whitbread Book of the Year a clairement franchi le pas et s'est assuré une bonne couverture médiatique en choisissant comme juré l'ancien mannequin Jerry Hall.

Le charme fait vendre. Il permet également de gagner davantage dans la négociation avec un client ou un fournis-

---

7. Même la joueuse Nathalie Tauziat qui dénonce cette évolution, utilise ces ficelles pour vendre son ouvrage. Voir *Les Dessous du tennis féminin*, Paris, Plon, 2000.

8. Pour une joueuse de tennis, le soutien du public est important si l'on veut gagner des matchs. Or, remarque Tauziat, celui-ci est garanti à Anna Kournikova et refusé à une joueuse comme Lindsay Davenport. La beauté est aussi un facteur de réussite sur le court.

seur. Une étude[9] a été récemment menée par un professeur américain de la Wharton School pour vérifier que la beauté était bien un avantage dans le processus de négociation. Elle a permis d'établir que les beaux gagnaient entre 8 et 12 % de plus que ceux dont le physique est moins agréable. Cette règle vaut plus encore pour les hommes que pour les femmes. Ces résultats suggèrent de recruter en conséquence les équipes de négociateurs...

Plaire aux collègues de travail

La performance des individus les plus beaux est accrue par la bienveillance dont ils bénéficient auprès de leurs collègues de travail. Ces derniers collaborent plus volontiers et ont, comme les employeurs et les clients, une préférence marquée pour les beaux. Des sociologues[10] ont même établi que les individus séduisants bénéficiaient d'un avantage

---

9. Il s'agissait de faire jouer à un jeu qui se nomme le « jeu de l'ultimatum ». Deux individus doivent se partager 10 dollars. Une personne propose par écrit un partage de cette somme (elle indique ce qu'elle s'attribue et ce quelle attribue à l'autre). De son côté le deuxième joueur formule par écrit et sans avoir communiqué avec le premier joueur une somme minimale en deçà de laquelle il n'accepte pas de descendre. Si cette somme est inférieure ou égale à la somme que le premier joueur lui avait allouée, alors le deuxième joueur reçoit la somme prévue par le premier joueur. Si, en revanche, le deuxième joueur a exigé une somme plus élevée que ce que le premier joueur offrait, alors les deux joueurs n'obtiennent rien. On considère qu'un accord n'a pu être trouvé entre eux. Les gains des individus beaux sont toujours plus élevés que ceux des personnes moins attrayantes. Cela est vrai dans les cas où la belle personne est le premier joueur (l'offreur) et aussi dans les cas ou il est le deuxième joueur (le receveur). Voir S. J. Solnick et M. E. Schweitzer, « The influence of physical attractiveness and gender on ultimatum game decisions », *Organizational Behavior and Human Decisions Processes*, 79, 3, 1999, p. 199-215.

10. M. Mulford *et alii*, « Physical attractiveness, opportunity, and success in everyday exchange », *American Journal of Sociology*, 103, 6, 1998, p. 1565-1592.

considérable dû au fait que les autres personnes cherchaient leur compagnie ou leur partenariat, même si cela devait leur coûter quelque chose.

Ainsi, on a proposé à des hommes et des femmes de participer à un jeu[11]. Le jeu en question se joue à deux et chacun choisit parmi les personnes présentes son partenaire. Une fois que ce choix est fait, chaque joueur peut, évidemment, se montrer bienveillant et coopératif avec son partenaire ou bien méfiant et roublard. Que constate-t-on alors ? Que plus une personne est séduisante et plus les autres veulent jouer avec elle et se montrent coopératifs dans le jeu. Les individus au physique agréable sont donc doublement favorisés : ils ont à la fois plus de chances de jouer et plus de chances de gagner. En outre, on a remarqué que les hommes et les femmes qui sont attirants et sont jugés attirants avaient tendance à être plus coopératifs avec les personnes qui sont elles-mêmes attirantes et se jugent attirantes. On se croit beau, on est conforté dans ce sentiment par les autres et on se retrouve à coopérer

---

11. En théorie des jeux on parle de « jeu du prisonnier ». Deux prisonniers sont arrêtés pour un crime qu'ils ont commis ensemble. La police manque de preuves et propose le marché suivant aux prisonniers : si l'un de vous avoue le crime et dénonce donc *ipso facto* son comparse, il sort de prison (l'autre prisonnier écope alors du maximum). Néanmoins cette prime à l'aveu ne vaut que si le crime n'est pas avoué par l'autre prisonnier également. Si les deux prisonniers se dénoncent mutuellement, alors la peine est lourde. L'idéal pour les prisonniers est de ne pas avouer, ce qui n'entraîne qu'une peine légère (des armes ont été trouvées chez eux). Hélas, la tentation est grande pour un prisonnier de parler aux policiers en misant sur la naïveté de son comparse qui aura respecté la loi du silence et se trouve alors durement sanctionné. Il y a en quelque sorte une prime pour celui qui trahit et une pénalité pour celui qui dans le même temps se montre loyal. Dans ce jeu, si les deux joueurs se montrent coopératifs, ils gagnent tous les deux mais on peut gagner davantage en trahissant la confiance de l'autre joueur. La règle est telle que les deux joueurs ont tendance à ne pas coopérer et ils perdent donc tout espoir de gain car si aucun joueur n'est coopératif les deux joueurs sont perdants. Pour une présentation de ce jeu fameux voir J.-F. Amadieu, *Organisation et travail*, Paris, Vuibert, 1993.

avec des gens beaux : la boucle est bouclée, les occasions
de succès sont multipliées et la confiance renforcée. Or,
dans la vie réelle, les situations qui impliquent des inter-
actions se comptent par centaines ou par milliers, et
l'effet cumulé de tous les petits avantages remportés à la
faveur de ces petites coopérations finit par peser d'un bon
poids. Il existe des personnes à qui nous apporterons
volontiers notre aide et d'autres que nous ne prendrons
pas en auto-stop...

Lorsque des jeunes filles plutôt jolies demandent
leur chemin à des hommes sur un campus universitaire,
elles obtiennent facilement d'excellentes indications. Les
hommes font volontiers un petit détour pour leur montrer le chemin, ils acceptent de perdre plus de temps et
fournissent des renseignements qui vont au-delà de ce qui
leur est demandé. En somme, ils lient connaissance et
accueillent avec plaisir la demande qui leur est faite. Lorsque ces mêmes jeunes filles s'adressent à des femmes, le
résultat obtenu est moins spectaculaire, mais il reste
satisfaisant. En revanche, les jeunes filles dont le physique est inférieur à la moyenne trouvent moins de personnes pour les aider[12].

De la même façon, lorsqu'une jeune fille a besoin de
faire de la monnaie, elle obtient de meilleurs résultats si elle
est habillée de façon féminine : une tenue masculine ou uni-
sexe la desservira dans sa démarche[13]. De la même façon
encore, si un dossier d'inscription est égaré sur un campus
universitaire et doit être expédié pour parvenir à destination,
il sera en général posté par celui qui le trouve s'il comporte

12. M. Wilson, « Effects of perceived attractiveness and feminist orientation
on helping behavior », *Journal of Social Psychology*, 125, 1985, p. 415-420.
13. F. Bian, *The Effects of Attractiveness on Helping Behavior*, Claremont,
Harvey Mudd College, 1997.

la photo d'une belle personne. Ce sera plus rarement le cas si la photographie jointe au dossier représente une personne au physique peu avenant[14]. On a aussi vérifié expérimentalement qu'une belle personne recevait plus souvent de l'aide si elle était perdue dans le métro, en panne de voiture ou encore si elle demandait de l'argent. L'expérience a également prouvé que le taux de réponses retournées à l'expéditeur, quand on envoie un questionnaire à domicile, était presque multiplié par deux (40 % contre 19 %) quand la lettre d'accompagnement comportait la photographie d'une femme attirante[15].

Les hommes et les femmes dont le physique est agréable sont davantage recrutés pour des emplois supposant des contacts fréquents avec les collègues ou la clientèle. *A priori*, la fonction de réceptionniste ne nécessite pas un beau physique, mais les stéréotypes attachés à cet emploi sont tels qu'une apparence avantageuse est un critère implicite d'embauche. Plus généralement, les individus séduisants occupent en plus grande proportion des postes qui impliquent des tâches de négociation, de formation, de supervision, de persuasion, de divertissement, de communication, de service au client ou d'accueil. Or il se trouve que les salariés qui exercent des emplois de ce type ont souvent tendance à gagner plus que les autres[16]. La « prime de beauté » ou la « pénalité de laideur » proviennent donc en partie de la nature des métiers exercés ou des fonctions occupées, c'est-à-dire des besoins des emplois. Ce n'est toutefois pas

---

14. P. L. Benson *et alii*, « Pretty please : the effects of physical attractiveness, race, and sex on receiving help », *Journal of Experimental Social Psychology*, 12, 1976, p. 409-415.

15. L. A. Rugiero et Curt J. Dommeyer, « The effects of a photograph on mail survey response », *Marketing Bulletin*, 7, 1996, p. 51-57.

16. D. S. Hamermesh et J. E. Biddle, « Beauty and the labor market », *American Economic Review*, 84, 5, 1994, p. 1174-1194.

la seule raison de l'inégalité de salaires entre beaux et laids, comme le montre le poids des apparences au moment du recrutement.

Les vrais pièges du recrutement

« Ce qui est beau est bon, ce qui est beau est récompensé[17]. » Cette phrase résume une série de travaux scientifiques, menés en France et à l'étranger. Ils montrent que dès le plus jeune âge, les individus les plus beaux sont les plus regardés, les plus appréciés et, enfin, les plus souvent choisis comme amis ou comme chefs. Les beaux sont jugés plus intelligents, plus ambitieux, plus chaleureux, plus sociables, plus équilibrés et moins agressifs. Ce stéréotype conduit à une discrimination dont pâtissent ceux dont l'apparence est moins agréable, car ils seront tenus pour moins intelligents, asociaux, etc.

Cette discrimination se poursuit évidemment au-delà de l'école. Dans la vie professionnelle, ce sont les beaux sujets qui ont le plus de chances d'être embauchés puis promus. Les recruteurs, les clients, les collègues de travail et les supérieurs hiérarchiques partagent la croyance, largement inconsciente, selon laquelle l'apparence extérieure reflète des capacités et une personnalité favorables[18]. De façon générale, les individus les plus séduisants ont de meilleures chances de l'emporter lors d'un recrutement. Cette règle ne souffre pas d'exception pour les hommes. Pour les femmes, en revanche, la beauté, qui sert pour la candidature à un emploi standard, peut cesser

---

17. Cf. M. Bruchon-Schweitzer, « Ce qui est beau est bon... », art. cité.
18. E. Hatfield et S. Sprecher, *Mirror, Mirror...*, *op. cit.*

d'être un avantage pour l'accès à de hautes fonctions. Les études ont montré qu'il subsistait des stéréotypes négatifs à l'égard des femmes séduisantes postulant à des postes de cadres[19].

Les femmes ont longtemps été victimes du préjugé associant beauté et bêtise (« beauty is beastly »), en particulier quand elles se présentaient pour un poste de niveau élevé. Pour réussir et s'insérer dans de nombreux métiers ou secteurs traditionnellement dévolus aux hommes, elles n'avaient d'autre choix que de se comporter comme leurs confrères. Le sociologue Alain Quemin[20] a bien montré comment, chez les commissaires-priseurs, le fait d'être une femme constituait un stigmate qu'il fallait faire oublier. On pouvait jouer sur l'image de « mère de famille » ou sur celle d'« amazone » (par exemple, en pratiquant certains sports d'hommes). Aujourd'hui, les mœurs ont changé. La beauté et la féminité sont entretenues et, loin d'être un handicap, peuvent servir d'atouts. Être attirant physiquement, savoir bien s'habiller et avoir une gestuelle adaptée sont désormais des critères auxquels les spécialistes du recrutement accordent la plus grande importance. Leur non-respect est souvent à l'origine du rejet rapide et sans appel d'un candidat. Une enquête[21] par questionnaire menée auprès de 120 cabinets de recrutement français donne une indication de l'ampleur du phénomène.

---

19. M. E. Heilman et M. H. Stopeck, « Being attractive, advantage or disadvantage ? », *Organizational Behavior and Human Performance*, 35, 1985, p. 202-215.

20. A. Quemin, « Modalités féminines d'entrée et d'insertion dans une profession d'élites : le cas des femmes commissaires-priseurs », *Sociétés contemporaines*, n° 29, 1998, p. 87-106.

21. Enquête de *Capital* citée *in* G. Azzopardi, *Les Nouveaux Tests de recrutement*, Paris, Marabout, 1995.

Rang de rejet sur 28 critères	Estimez-vous que les caractéristiques mentionnées lors d'une embauche sont...	Rédhibitoires	Négatives dans la plupart des cas	Négatives dans certains cas	Sans importance
2	Aspect peu soigné	38 %	30 %	25 %	4 %
5	Extrême nervosité	29	44	23	1
6	Tics	21	19	45	12
8	Mains moites	15	19	33	27
10	Physique disgracieux	14	21	34	28
12	Tenue décontractée	11	17	49	20
13	Obésité	10	17	50	23
21	Personne de couleur	2	32	47	16
26	Fumeur	0	3	15	80

LE POIDS DE L'APPARENCE DANS LE RECRUTEMENT PROFESSIONNEL (D'après G. Azzopardi, 1995.)

L'apparence compte donc beaucoup si on compare ces critères à d'autres[22]. Un aspect peu soigné a quasiment le même

22. Ajoutons que certaines caractéristiques du candidat, qui sont parfois mal perçues par les cabinets de recrutement, comme le fait d'être enceinte ou homosexuel, ne sont pas mentionnées par le candidat mais peuvent être visibles lors de l'entretien. Ici encore, c'est l'apparence ou les traits physiques qui servent d'indicateurs aux recruteurs et entraînent une mise à l'écart. La discrimination s'adosse aux éléments, aux signes, mêmes faibles, qui émanent du physique.

impact qu'un trou d'un an, ou plus, dans un CV (premier critère) et davantage qu'un parcours professionnel incohérent (critère arrivant au 4e rang des motifs de rejet). Avoir les mains moites[23] ou un physique disgracieux est perçu très négativement alors qu'être autodidacte n'est pas un problème (22e rang sur 28).

Les particularités physiques et l'aspect vestimentaire d'un candidat ont un poids déterminant mais variable selon les métiers et les secteurs d'activité. Pour les emplois de commerciaux, un physique disgracieux entraîne un rejet presque systématique pour 66 % des recruteurs. Pour un poste de direction, c'est également un handicap sérieux (44 % de rejet). En revanche, cette disgrâce n'a pas la même importance lorsqu'il s'agit de pourvoir un poste administratif (11 % de rejet) ou en production (19 %). De même, avoir les mains moites est mal vu pour un dirigeant (44 % de rejet) mais moins discriminant pour un administratif (24 %). Être obèse est plutôt mal vu pour les commerciaux (33 % de rejet) et les dirigeants (30 % de refus) mais mieux accepté pour des administratifs (16 % de refus seulement). Quant aux tics, ils provoquent dans 58 % des cas un rejet de la candidature pour des postes de direction ou des postes commerciaux, mais sont tolérés à des fonctions administratives (19 % de refus seulement) et productives (25 % de refus).

Comment expliquer que l'apparence perturbe autant le processus de recrutement ? Comme tout le monde, les employeurs et même les spécialistes du recrutement ont des préjugés favorables à l'égard des beaux et sont intimement persuadés qu'ils réussiront mieux dans leur futur travail. Il existe tellement de préjugés en faveur des beaux et

---

23. Les stéréotypes au sujet de la poignée de main conduisent à une valorisation de la poignée de main ferme et sèche. Pour une publication scientifique voir notamment W. F. Chaplin *et alii*, « Handshaking, gender, personality, and first impressions », *Journal of Personality and Social Psychology*, 19, 4, 2000, p. 110-117.

de stéréotypes négatifs contre les autres qu'il n'est pas étonnant que les recruteurs, même les plus spécialisés, soient inconsciemment guidés dans leur choix par l'apparence des candidats, même s'ils prétendent s'appuyer sur des instruments d'appréciation objectifs pour juger de la personnalité et des capacités des candidats. Mis en évidence depuis le milieu des années 1970, ce biais qui affecte les recrutements continue d'exercer une influence forte sur les décisions d'embauche.

Une personnalité supposée

Les individus dont l'apparence est flatteuse ont parfois développé des capacités et des traits de caractère qui sont recherchés par les employeurs. Ayant été, depuis le plus jeune âge, l'objet d'une attention particulière et d'une relative valorisation, certains individus auront construit une personnalité prisée des recruteurs. Mentionnons, par exemple, le fait d'avoir de l'assurance, d'avoir confiance en soi, d'être satisfait, d'être rarement agressif, d'être ambitieux ou de savoir que l'on détient un pouvoir de séduction utile. Nombre de spécialistes du recrutement accordent une grande importance au paraître, car ils estiment, consciemment ou inconsciemment, qu'une personnalité équilibrée se voit. Il leur suffit donc d'observer soigneusement et d'analyser l'aspect, la mise et les gestes d'un candidat pour savoir à qui ils ont affaire. L'apparence de chaque postulant sera ainsi décrite et jaugée par le recruteur. Voici, à titre d'exemple, les liens établis par certains recruteurs entre l'apparence et la personnalité d'un candidat[24].

---

24. Article publié par l'ancien directeur des ressources humaines de la CNAV, Jean-Marc Le Gall, « Équilibre du jugement et jugement de l'équilibre : les faits, les mots, le corps dans l'entretien de recrutement », *Revue de gestion des ressources humaines*, 36, 2000, p. 69-83.

Observations	Commentaires
Mains moites Mains sous la table Gestes parasites Bouge très souvent	Nervosité, manque d'aisance et d'assurance
Visage tendu Plissement des yeux Bras entre les jambes Position en retrait Corps raide	Attitudes de fermeture, de mise à distance, ou de méfiance
Regard fixe, appuyé Port de tête hautain Moue des lèvres	Fond assez volontaire ou autoritaire, assez bon sentiment de soi ou attitudes de gêne
Rougit Fuite du regard Baisse les yeux Voix tremblante	Émotivité, timidité
Main molle Lenteur à se déplacer Gestes lents Élocution lente Silences	Manque de réactivité, de dynamisme, nonchalance ou désintérêt
Souriant Mains sur la table Poignée de main ferme Regard vif Regarde dans les yeux Peu de silences	Bons contacts, attitude de participation, de confiance, assez à l'aise, affirmé, posé, calme
Cartable Prise de notes	Impression de sérieux, consciencieux, organisé

L'ANALYSE DES SIGNES PAR LE RECRUTEUR
(D'après J.-M. Le Gall, 2000.)

Qui se ressemble s'assemble

Le recrutement d'un cadre ou la promotion interne sont évidemment dépendants des compétences des salariés mais aussi d'une forme de reproduction sociale. Les cadres ou patrons qui sélectionnent des salariés ou de jeunes étudiants en vue d'occuper des emplois d'encadrement recherchent des individus dont les caractéristiques et l'apparence ne s'éloignent guère de celles qui définissent, à leurs yeux, un cadre, c'est-à-dire qui les concernent eux-mêmes. Les cadres, qui ont un rôle déterminant dans l'opération de recrutement, vont mettre d'autant plus l'accent sur l'apparence du candidat que cette question est importante pour eux-mêmes.

C'est encore plus vrai des recruteurs qui ont une haute estime d'eux-mêmes[25]. La beauté d'un candidat et son apparence générale ont un impact qui dépend en partie de la personne qui les recrute. Les recruteurs qui ont une haute d'estime d'eux-mêmes sont plus enclins à passer outre quelques insuffisances professionnelles si celles-ci sont compensées par un physique agréable. Ils sont beaucoup plus conscients que les autres des messages véhiculés par des signaux comme le vêtement ou le charme personnel. Les recruteurs choisissent d'ailleurs leurs propres vêtements avec soin afin de contrôler leur image. Ils considèrent l'adéquation de l'apparence à l'emploi comme un atout contribuant à de meilleures performances. Lorsqu'ils recrutent, ils préfèrent les candidats au « look » approprié plutôt que les individus simplement séduisants. À leurs

---

25. M. Snyder *et alii*, « Orientations toward personnel selection : differential reliance on appearance and personality », *Journal of Personality and Social Psychology*, 54, 6, 1988, p. 972-979.

yeux, un beau physique ne se contrôle pas tandis que l'habillement, le maquillage et les accessoires sont autant d'éléments permettant d'adapter l'apparence aux besoins du métier.

Le processus de recrutement intègre donc des éléments qui émanent du candidat mais aussi du recruteur. Pour le candidat, il importe, plus généralement, de manifester son appartenance au groupe ou au clan auquel il souhaite appartenir. En un sens, le recrutement ou la promotion sont essentiellement des systèmes de cooptation. On accepte ceux qui, d'une certaine manière, sont déjà des « nôtres ».

La reconnaissance par les pairs est déterminante pour l'accès à l'emploi et la carrière. Pierre Bourdieu avait déjà insisté sur ce point dans *La Distinction*. Le soin apporté par les catégories sociales supérieures à leur corps et à leur apparence s'explique par l'importance qu'ils jouent dans le succès professionnel et amoureux. C'est par le souci de son aspect que s'opère notamment la réussite sociale. Pierre Bourdieu explique : « On comprend que les femmes des classes populaires qui ont beaucoup moins de chances d'accéder à une profession qui exige le plus strictement la conformité aux normes dominantes en matière de cosmétique corporelle aient, moins que toutes les autres, conscience de la valeur marchande de la beauté et soient beaucoup moins portées à investir du temps, des efforts, des privations, de l'argent dans la correction du corps[26]. » Plus on s'élève dans la hiérarchie sociale, plus la conscience de l'enjeu que représente l'apparence croît. Dans les milieux moins favorisés, en revanche, on est plus prompt à croire que les qualités naturelles feront la différence.

---

26. P. Bourdieu, *La Distinction, critique sociale du jugement*, op. cit., p. 227.

Les préconisations des ouvrages de vulgarisation sur le recrutement ne peuvent que renforcer cette croyance. En effet, ils insistent sur l'importance du naturel et véhiculent l'idée qu'il faut d'abord être soi-même et que la personnalité ou les qualités professionnelles feront la différence. C'est évidemment faux et trompeur : l'apparence est un élément clef du recrutement. L'accès à l'emploi s'effectue rarement par des mécanismes anonymes sur le modèle du concours écrit. Que ce soit dans le public ou le privé, des entretiens sont presque systématiquement organisés, avec un cabinet de recrutement, un jury d'oral, un recruteur de l'entreprise, le patron lui-même, les supérieurs hiérarchiques et, parfois, les futurs collègues. D'ailleurs, avant même le passage du candidat devant son examinateur, l'apparence corporelle a souvent déjà joué un rôle dans la sélection, car les employeurs aiment disposer d'une photographie du candidat...

Une simple petite photo

La mention de la photographie est de plus en plus fréquente dans les petites annonces et 80 % des cabinets de recrutement français la jugent indispensable. Or cette simple photo suffit à altérer le jugement porté sur le dossier d'un candidat. Agrafée en haut de la première page du CV, elle constitue la première information qui « saute aux yeux » du recruteur. Son impact n'en sera que plus fort sur la poursuite du processus de sélection.

Les ouvrages[27] concernant l'entretien d'embauche et la rédaction des CV contiennent d'ailleurs des conseils précis

---

27. Par exemple, U. Gersbacher, *Entretien d'embauche : l'art de se présenter*, Paris, Marabout, 1994.

pour réussir une belle photo : une expression détendue ; pas de col de chemise débraillé ou de cravate fripée ; pas de maquillage excessif sur une photo en couleurs ; pas de coiffure originale ou des cheveux devant les yeux ; pas de lunettes démodées ; pas de mimique ; etc. Quelle que soit la valeur théorique et pratique de ces recommandations, il est certain que les candidats ont intérêt à faire preuve de vigilance, car les employeurs et les cabinets spécialisés utilisent le visage comme un indicateur précieux. Ils reprennent ainsi l'observation de Georg Simmel pour qui, « grâce à sa figure, un homme est déjà compris par son aspect, avant d'être compris par ses actes[28] ».

Il ne fait pas de doute que l'apparence physique compte dans le fait d'être jugé apte à occuper un emploi. L'étude des pratiques d'entreprises a montré que les hommes et les femmes au visage agréable ou au physique attirant étaient considérés comme plus qualifiés pour occuper un poste donné alors même que les éléments décisifs de leur CV étaient identiques à ceux de candidats jugés moins qualifiés et peu séduisants[29]. La prime de beauté joue donc sur la décision d'embauche. Même des recruteurs chevronnés sont influencés dans leur choix par l'apparence des

---

28. G. Simmel, *Sociologie des sens, op. cit.*

29. D. C. Gilmore *et alii*, « Effects of applicant sex, applicant physical attractiveness, type of rater, and type of job on interview decisions », *Journal of Occupational Psychology*, 59, 1986, p. 103-109 ; T. A. Beehr et D. C. Gilmore, « Applicant attractiveness as a perceived job relevant variable in selection », *Academy of Management Journal*, 25, 1982, p. 607-617 ; A. Cann *et alii*, « Forced attention to specific applicant qualifications : impact on physical attractiveness and sex of applicant bias », *Personnel Psychology*, 34, 1981, p. 65-75 ; R. Gifford *et alii*, « Non verbal cues in the employemnt interview : links between applicant qualities and interviewer judgement », *Journal of Applied Psychology*, 70, 4, 1985, p. 729-736 ; S. M. Raza et B. N. Carpenter, « A model of hiring decisions in real employement interviews », *Journal of Applied Psychology*, 72, 1987, p. 596-603 ; N. Bardack. et F. McAndrews, « The influence of physical attractiveness and manners of dress on success in a simulated personnel decision », *Journal of Social Psychology*, 125, 1985, p. 777-778.

candidats[30] et considèrent, curieusement, que les plus séduisants correspondent mieux aux besoins de l'entreprise et qu'ils s'intégreront plus facilement. En un mot, le « fit » leur paraît meilleur[31]...

Il y a plus curieux encore : quand bien même un candidat au physique peu avenant serait jugé compétent et recruté, il serait alors embauché à un salaire moindre. La prime de beauté, qui permet déjà d'échapper au chômage, se transforme en prime salariale au moment de l'embauche. Cela vaut assurément pour les hommes et dans une moindre mesure pour les femmes. Dans des emplois traditionnellement masculins, en effet, la séduction féminine paraît mal adaptée. Une apparence moyenne sera préférée par les recruteurs dans les métiers où l'élégance et le paraître sont mal perçus. Dans la fonction publique, par exemple, la beauté sera considérée comme une marque de légèreté, de futilité et un manque de profondeur[32]. Le travail risque de perdre de sa crédibilité ou de son sérieux parce qu'il est exécuté par une personne séduisante.

La première impression

L'entretien lui-même se joue pour le candidat dès les premiers instants, avant que le moindre mot ait été prononcé, sur une impression globale que le recruteur se forge très

---

30. C. Marlowe *et alii*, « Gender and attractiveness biases in hiring decisions : are more experienced managers less biased ? », *Journal of Applied Psychology*, 81, 1996, p. 11-21.
31. S. Rynes et B. Gerhart, « Interviewer assessments of applicant fit », *Personnel Psychology*, 43, 1990, p. 13-34.
32. M. Snyder *et alii*, « Orientations toward personnel selection : differential relaince on appearance and personality », *Journal of Personality and Social Psychology*, 54, 1988, p. 972-979.

rapidement. Globalement, on estime à 65 % la part d'informations qui passent par des perceptions visuelles[33]. Selon le
professeur Albert Mehrabian, l'impact que nous avons sur
quelqu'un dépend à 55 % de notre seul visage, à 38 % de
notre voix et seulement à 7 % de ce que nous disons[34].

C'est d'abord à partir de traits visibles que les candidats
seront analysés. Les spécialistes du recrutement le reconnaissent : les aspects non verbaux ont la même incidence
que le langage verbal lors de l'entretien. Ce sont l'aspect physique, l'habillement, la coupe de cheveux, les accessoires et
bijoux, les gestes et la posture d'ensemble. L'entretien de
recrutement est une sorte de scène sur laquelle on a tendance à accorder une énorme importance aux déguisements
et accessoires.

L'employeur attache un prix au sentiment initial qu'inspire un candidat, car il sait que les clients et, plus largement,
les autres éprouveront probablement le même sentiment. La
première impression du recruteur ne sera guère modifiée en
cours d'entretien pour plusieurs raisons bien connues des
psychologues :

— *Le recruteur est sensible à l'« effet de primauté »* qui
est très fort : les premières impressions pèsent d'un poids
très lourd dans le résultat final. Le pire est à craindre si le
jugement qui se forge au moment où un candidat passe le

---

33. M. L. Knapp et J. A. Hall, *Non verbal communication in human interaction*, Fort worth, Tx : Harcourt Brace, 2001.

34. Albert Mehrabian et M. Wiener, « Decoding of inconsistent communications, » *Journal of Personality and Social Psychology*, 6, 1967, p. 109-114.
Lorsqu'il s'agit de la transmission d'informations émotionnelles du type « je ne vou-
drais pas vous décevoir » ou « je vous respecte », le non-verbal compte pour 90 %.

Albert Mehrabian et S. R. Ferris, « Inference of attitudes from nonverbal
communication in two channels, » *Journal of Consulting Psychology*, 31, 1967,
p. 248-252.

B. De Paulo *et alii*, « Detecting deception : Modality effects, » *Review of Personality and Social Psychology*, 1, 1980.

pas de la porte est négatif. Dans ce cas de figure, les informations ultérieures, même positives, n'y changent rien, et la cause est entendue.

— *Le recruteur est victime d'un « effet de halo »* : la première impression empêche d'appréhender de façon neutre et objective les caractéristiques réelles d'un individu. Un rideau de fumée ou un flou artistique dissimule aux yeux du recruteur les qualités et les faiblesses manifestées par le candidat lors de l'entretien. Plus exactement, seules les informations qui confirment le sentiment initial seront retenues.

— *Le recruteur ne supporte pas les situations de dissonance cognitive* où le candidat manifeste des dispositions qui sont contradictoires avec son image. Le malaise se résout alors souvent au profit de la première impression qui paraît plus spontanée.

— *Le recruteur a une « rationalité limitée »*, c'est-à-dire qu'il doit se contenter de quelques informations pour prendre sa décision. Il n'est pas en mesure ou n'a pas le temps de traiter objectivement tous les éléments présentés par le candidat et son choix, à côté des analyses graphologiques et des tests de personnalité, se fera par intuition, sur un sentiment diffus et à partir de quelques données seulement, à savoir celles qui se présentent en premier.

— *Le recruteur est victime d'inférences inconscientes*, c'est-à-dire qu'il tire de multiples conclusions, plus ou moins justes, des quelques informations que l'apparence du candidat a fournies. Cela va des traits de caractère aux comportements sexuels en passant par les opinions politiques, l'appartenance religieuse ou l'origine sociale.

— *Le recruteur reçoit en cours d'entretien une majorité de messages infra-verbaux* : 35 %, au mieux 45 % des informations passent par les mots et la voix. Les gestes et l'apparence continueront à opérer durant l'entretien. Ce phénomène est accentué par la diminution de l'attention portée au discours du candidat. On a constaté, par expérience, que plus un individu observait son interlocuteur et moins il écoutait et mémorisait ce que celui-ci lui disait.

Ainsi, au-delà des premiers instants, le déroulement d'un entretien d'embauche est d'autant plus à l'avantage du candidat que celui-ci se sent sûr de lui et sent l'impression favorable qu'il a produite. La qualité de l'expression orale, la clarté du propos et la capacité de repartie dépendent de l'aptitude à dépasser le stress et à faire montre, malgré les circonstances, d'une relative sérénité.

Un rituel de passage

L'entretien d'embauche, comme l'ensemble du recrutement, est un rituel de passage, comportant son lot de brimades et d'épreuves, dont les postulants exagèrent parfois la difficulté en « s'endimanchant ». Or l'habit du dimanche risque de se voir et n'est d'ailleurs pas adapté à l'occasion : le candidat ne sera pas à l'aise en le portant et, en voulant trop bien faire, adressera un signal défavorable. Le souci de son apparence au moment de l'entretien est important, car il contribue à renforcer ou à maintenir une estime de soi et une confiance personnelle que la recherche d'emploi peut avoir mises à mal. Les spécialistes recommandent de banaliser au préalable le « déguisement » qui sera utilisé le jour venu pour jouer le rôle attendu. Mieux vaut, par exemple, s'être habitué, avant le jour de l'entretien, à évoluer en costume-cravate : on gagne à pouvoir jouer son rôle avec une aisance accrue par le port fréquent de la « tenue de scène ».

Un des problèmes du chômage de longue durée réside dans la difficulté qu'éprouvent les chômeurs à tenir compte des considérations physiques attendues avec l'emploi visé. Garder le contact avec le monde professionnel passe notamment par le souci de son apparence et le respect des codes vestimentaires en vigueur. Si les conseillers en recrutement martèlent qu'il faut rester soi-même et être authentique, ce conseil sera d'autant plus facilement compatible avec l'exigence du « déguisement » au moment de l'entretien que la tenue de scène aura été banalisée et intégrée dans les manières d'être du candidat. Le succès dans l'emploi lui-même dépendra de cette banalisation.

Déguisements de circonstance

Il est évident que les candidats adaptent leur physique à la culture professionnelle et à l'entreprise visées[35]. Les conseils en recrutement et en « look » donnent d'ailleurs des indications précises sur les manières de conformer son apparence, en particulier vestimentaire, au type d'emploi qu'on convoite[36]. Voici ce qu'il apparaît dans le secteur privé :

— *Dans la banque, l'assurance ou l'expertise comptable*, l'apparence des salariés, surtout s'ils sont en contact avec la clientèle, doit être austère, inspirant le sérieux, voire le souci de l'économie, car il s'agit de rassurer la clientèle. Les costumes et les tailleurs seront donc de coupe droite et stricte et de coloris foncés (bleu marine, noir ou gris anthracite).

---

35. M.-L. Pierson, *Valorisez votre image — les enjeux de l'apparence dans la vie professionnelle*, Paris, Les Éditions d'Organisation, 1997. Il existe également des publications plus scientifiques sur l'impact précis de tel ou tel accessoire, sur les types de vêtements, leur couleur, leur luminosité, etc. Voir par exemple S. K. Francis et P. K. Evans, « Effects of hue, value, and garment style on college recruiters' assessments of employment potential », *Perceptual and Motor Skills*, 67, 1988, p. 87-93.
36. Voir notamment une enquête très complète de M.-J. Gava, « Avez-vous le look de l'emploi ? », *L'Essentiel du management*, mai 1999.

— *Dans les métiers de conseil*, les tenues seront volontiers adaptées aux types de clients. Chez Ernst et Young, par exemple, on adopte un style « low profile » (costume non coordonné et chemise à col boutonné) pour un client de la grande distribution et un look « high chuch » (costume de marque et chemise blanche) si le client audité travaille dans les métiers du luxe.

— *Dans les secteurs à forte créativité*, où l'originalité, l'ouverture d'esprit et l'intellectualisme sont valorisés, les tenues seront plus décontractées : la cravate n'est pas indispensable, les matières sont plus sensuelles, les coupes sont amples ou très moulantes, les couleurs diversifiées et sensibles à la mode...

— *Dans les entreprises « high-tech »*, le fait de porter une veste et une cravate ne s'impose pas pour un développeur et peut même ne pas être bien perçu par l'entreprise[37]. En revanche, cette décontraction n'est plus de mise s'il y a relation commerciale avec des clients habitués à d'autres normes vestimentaires. En outre, si dans les années 1990, on pouvait aller en tee-shirt lever plusieurs millions de francs pour financer sa start-up, aujourd'hui, la majorité des jeunes entrepreneurs ont remis leur chemise et leur cravate. Dans ce secteur, le look change au gré de la journée, en fonction des rendez-vous et des objectifs.

— *Dans les métiers commerciaux*, des tenues plus colorées ou fantaisie sont fréquentes même si on constate des différences fortes en fonction du type d'activité commerciale.

Quel que soit le secteur d'activité, un critère demeure essentiel : aux postes de direction, une tenue décontractée

---

37. On peut « avoir l'air un peu décalé » si l'on en croit le DRH de BVRP Software. Interview parue dans *Le Figaro Économie* du 15 novembre 1999.

suscite un rejet automatique dans 50 % des cas et un aspect peu soigné provoque un refus dans 86 % des cas[38].

Entre privé et public

Quand on quitte le privé pour la fonction publique, on a souvent le sentiment que l'apparence est moins « travaillée » et qu'elle ne constitue pas un atout professionnel au moment de l'embauche ou en cours de carrière. Comme si les supérieurs hiérarchiques et les usagers, qu'ils soient contribuables ou élèves, n'attachaient pas une grande importance à la tenue et au physique des fonctionnaires...

Il est vrai que les agents du service public mettent moins de cravates que les salariés du secteur privé et qu'ils achètent des vêtements de moindre valeur (un employé du public a en moyenne 5 cravates alors qu'un employé du privé en possède 10). Il est vrai aussi que les vêtements qu'ils portent au travail ressemblent d'assez près à ceux qu'ils mettent à la maison. En somme, pour reprendre la formule de François de Singly et Claude Thélot[39], « les fonctionnaires estiment que le monde du travail n'exige pas une mise en scène vestimentaire spéciale ». Les fonctionnaires ont moins besoin de se mettre en valeur, car c'est leur capital scolaire qui va jouer un rôle éminent lors du recrutement et pour leur avancement. Il est moins nécessaire dans ces conditions de consacrer une attention particulière à son corps et à sa tenue. De fait, on a constaté que les femmes fonctionnaires étaient moins attentives à leur silhouette, leur coiffure, leur maquillage ou encore leur parfum.

---

38. G. Azzopardi, *Les Nouveaux Tests de recrutement, op. cit.*
39. F. de Singly et C. Thélot, *Gens du privé gens du public*, Paris, Dunod, 1988.

S'il est vrai que les différences entre privé et public sont incontestables, il ne faudrait pas en conclure que les fonctionnaires s'habillent avec « naturel ». Certes, ils peuvent rechercher le bien-être ou encore la robustesse et la commodité des vêtements, mais leur apparence n'en sera pas moins aussi normée que celle d'un salarié du secteur privé. Chacun des éléments qui composent leur tenue est, en réalité, un signe d'appartenance à une certaine communauté : la décontraction, la simplicité ou le naturel sont aussi un style... La vraie différence tient en fait à ce que les fonctionnaires utilisent leur apparence moins pour indiquer leur valeur sociale ou la valeur à laquelle ils prétendent que pour signaler leurs valeurs idéologiques, leurs goûts et, par conséquent, s'insérer dans leur environnement de travail et leurs différents réseaux de sociabilité (amis, famille, voisinage, associations, syndicats, partis politiques, etc.)[40]. Leur apparence extérieure est donc un moindre capital, même si les mécanismes de concours et d'avancement de la fonction publique ne suppriment pas totalement l'effet de l'apparence.

Le statut d'intellectuel ou d'universitaire suppose un certain détachement par rapport aux conventions sociales et une différence nette avec les univers marchand, bourgeois ou petit-bourgeois. Il implique également de marquer son ouverture et sa liberté créatrice par une tenue s'opposant à la rigidité et au conservatisme supposés du cadre d'entreprise. Les gestes, l'allure ne doivent pas être étriqués, comme si la pensée abhorrait le justaucorps... La souplesse du vêtement s'accompagne, au besoin, d'une certaine dose de laisser-aller dans la propreté ou le repassage. La vieille robe de chambre que regrette Denis Diderot n'était pas empesée comme celle que lui offre Catherine II : c'était une

---

40. *Ibid.*

guenille, « on y voyait tracés en longues raies noires [des traces d'encre] les fréquents services qu'elle m'avait rendus. Ces longues raies annonçaient le littérateur, l'écrivain, l'homme qui travaille. À présent, j'ai l'air d'un riche fainéant ». Aujourd'hui encore, un physique attrayant et mis en évidence, un « look » à la mode ou une tenue perçue comme frivole seront malvenus dans certaines disciplines universitaires.

Certains écrivains ou intellectuels en vue aiment à se doter d'une apparence immuable qui, sous les dehors du naturel, dissimule, en réalité, une subtile élaboration. Ainsi en est-il de la classique chemise blanche largement ouverte, dont le modèle est devenu introuvable, longtemps portée par Bernard-Henri Lévy. Marguerite Duras explique, quant à elle, avoir choisi à dessein une tenue noire toujours identique, qui lui permettait de dissimuler sous cet uniforme des traits physiques qui ne lui semblaient pas satisfaisants : « Je suis très petite, écrit-elle. De ce fait, la plupart des vêtements que portent la très grande majorité des femmes, je n'ai pu les porter. Toute ma vie a été marquée par cette difficulté, ce problème ; ne me signaler en rien dans le vêtement afin de ne pas attirer l'attention sur le cas d'une femme très petite[41]. » La tenue choisie — gilet noir, jupe noire, pull-over à col roulé noir — remplit la fonction de ne pas attirer l'attention sur le physique. Comme Duras le reconnaît elle-même, seule son identité d'écrivain à succès, propre à séduire les hommes, doit être mise en avant. Loin de traduire un détachement par rapport aux apparences, ce choix témoigne, au contraire, d'une grande vigilance. Duras précise : « J'ai dit : pas coquette, mais c'est faux. La recherche de l'uniforme est celle d'une conformité entre la forme et le fond, entre ce qu'on croit paraître et

---

41. M. Duras, *La Vie matérielle*, Paris, POL, 1987.

ce qu'on voudrait paraître, entre ce qu'on croit être et ce qu'on désire montrer de façon allusive dans les vêtements qu'on porte. Une fois trouvée, elle est définitive[42]. »

Le détail qui tue

Les normes qui régissent l'apparence sont donc relativement précises. Elles changent d'un milieu professionnel à l'autre, d'un groupe social à l'autre. Néanmoins, il existe quelques règles d'or pour tous les candidats à un emploi, en particulier dans le secteur privé. Et les hommes, plus que les femmes, ont intérêt à bien connaître ces codes vestimentaires, car ils pèsent davantage sur le recrutement masculin[43]. Les étudiants n'en sont pas toujours convaincus ou conscients, et c'est normal : on s'est bien gardé de leur dire la vérité sur les processus de sélection et de reproduction sociale. À leurs yeux, c'est donc le diplôme et la personnalité qui feront l'essentiel. Talcott Parsons, l'un des pères fondateurs de la sociologie, l'expliqua un jour à l'un de ses élèves : « Puisque vous voulez révolutionner la sociologie et peut-être la société, lui dit-il, laissez-moi vous faire une suggestion... Portez une cravate. Vous pourrez de la sorte vous y employer[44]. »

Il peut paraître conservateur, trivial ou évident de rappeler l'enjeu que représente le vêtement d'un candidat qui postule pour un emploi. Pourtant, si l'on en croit les études menées par certains psychologues américains, le

---

42. *Ibid.*
43. C. J. Scherbaum et D. H. Sheperd, « Dressing for success : effects of color and layering on perceptions of women in business », *Sex Roles*, 16, 1987, p. 391-399.
44. Cité par M. Jr. Webster et J. E. Jr. Driskell, « Beauty as status », *American Journal of Sociology*, 89, 1, 1983, p. 140-165.

vêtement aurait parfois plus d'impact sur la décision des recruteurs que la beauté physique dont nous avons déjà souligné l'importance[45]. L'apparence vestimentaire a indéniablement un effet sur la décision d'embauche. Le point primordial, expliquent les recruteurs, est de ne négliger aucun détail, c'est-à-dire de veiller à la cohérence de l'image que l'on souhaite offrir. C'est cela qui ferait bien souvent la différence.

Ainsi, les accessoires — montre, bijoux, ceinture, etc. — seront tout particulièrement à surveiller. De même pour les chaussettes ou les chaussures qui ne suivent pas toujours la transformation opérée dans le haut du corps[46]. Par exemple, des chaussures à semelle de gomme, au lieu des inévitables Church's ou Weston, seront du pire effet sur un futur consultant ou directeur financier qui aura, par ailleurs, opté pour un sage costume de couleur grise. Tout comme des chaussettes de sport, au lieu des chaussettes fines, discrètes et assorties au pantalon... La discrimination s'effectuera à partir de détails ou d'éléments discordants qui auront échappé aux efforts du candidat. De faibles indices suffisent aux recruteurs qui sont très sensibles aux efforts

---

45. R. E. Riggio et B. Throckmorton, « The relative effects of verbal and non verbal behavior, appearance, and social skills on evaluations made in hiring interviews », *Journal of Applied Social Psychology*, 18, 1988, p. 331-348. Cette question est encore controversée, car d'autres soutiennent que, vêtement ou pas vêtement, les beaux ont toujours une longueur d'avance dans la course à l'embauche. Selon eux, un individu séduisant mais mal habillé aurait plus de chances d'être recruté qu'un candidat laid et correctement habillé. Les candidats attrayants augmenteraient fortement leurs chances d'être recrutés s'ils s'habillaient avec adresse alors que les candidats repoussants n'augmenteraient que légèrement leurs chances d'embauche.

46. Les chaussettes sont un signal particulièrement utilisé, de manière souvent implicite ou inconsciente. Il arrive plus rarement que cet aspect soit explicitement mentionné. Ce fut pourtant le cas lorsque le ministre Pierre Joxe déclara sur une chaîne de télévision qu'il suffisait de regarder les chaussettes que portait Pierre Bérégovoy, alors Premier ministre, pour être convaincu de ses qualités morales (il s'agissait en particulier de son honnêteté et de la modicité de ses conditions d'existence).

de présentation. Le même constat vaut pour la lettre de candidature ou le CV : 97 % des documents sales ou tachés sont rejetés.

La vigilance des recruteurs en matière de propreté est immense. La panoplie du candidat doit donc être irréprochable, parfaitement repassée, et les chaussures cirées[47]. Les cheveux et les ongles sont d'autres détails importants, et les conseillers en recrutement recommandent d'éviter les pellicules, d'avoir une coupe de cheveux adaptée, de porter les ongles courts et, éventuellement, d'opter pour un vernis à ongles discret ou mieux, transparent et récent. Le maquillage devra être particulièrement mesuré. Quant à la dentition, elle ne devra pas laisser apparaître de soins (prothèses discrètes) mais ne pas comporter de dents manquantes ou gâtées. Or, selon l'INSEE, à 40 ans, plus de la moitié des personnes ont une ou plusieurs dents non remplacées[48]... La barbe et, à un moindre degré, la moustache, le bouc, le collier et les favoris peuvent également être proscrits. Les employeurs pourront justifier le rejet de la candidature par des considérations liées au métier lui-même — conditions d'ultrapropreté ou port obligatoire de costumes comme chez Disney, par exemple — mais, plus profondément, le refus s'expliquera par des stéréotypes négatifs liés à l'idée de saleté.

---

47. 72 % des Français déclarent qu'ils accorderaient une grande importance à leurs chaussures s'ils devaient passer un entretien d'embauche [BVA/Canal plus, novembre 1996].

48. M.-C. Floury *et alii*, « Petites et grandes misères de la vie quotidienne », *in Données sociales 1996 — la société française*, INSEE, 1996, p. 276-282. La santé buccodentaire des adultes présente les mêmes caractéristiques sociales que celles des enfants. Si ces inégalités sociales de santé peuvent résulter en partie de différences dans les pratiques de prévention individuelle (hygiène dentaire, alimentation...), l'accès aux soins préventifs ou curatifs précoces joue également un rôle, notamment en raison de leur coût : les données du CREDES (centre de recherche et de documentation en économie de la santé) montrent que les soins dentaires sont ceux auxquels les personnes renoncent le plus fréquemment lorsqu'il y a renoncement aux soins pour des raisons financières. (INSERM, *Les Inégalités sociales de la santé*, 12 septembre 2000.)

Les documents du candidat ne seront pas transportés dans une vieille chemise cartonnée, mais dans un sac adapté à l'occasion. Il faut aussi savoir que le port de lunettes, surtout si le modèle est banal ou désuet, rend moins attractif un visage. Or, là encore, selon l'INSEE, 60 % des Français ont des problèmes de vue. En outre, les lunettes sont associées à des stéréotypes positifs (intelligent, travailleur et performant) mais aussi négatifs (peu sociable, peu séduisant, austère, peu sportif, moins actif). Par sécurité, mieux vaut donc opter pour des lentilles correctrices.

Dans certains secteurs d'activité, ou pour certains métiers, il peut être de bon aloi de ne pas mettre de costume ni même de cravate. Toutefois, cela reste l'exception et, dans 90 % des entretiens, les hommes portent la cravate. Si les salariés déjà en place se sont affranchis des tenues strictes, celles-ci seront requises pour l'impétrant, du moins dans un premier temps, ne serait-ce qu'en signe d'allégeance et de respect. Pour les femmes, l'usage du pantalon est encore parfois proscrit. La tenue et les divers accessoires — ceintures, lunettes, cravates, épingles, montres, bijoux, sac, stylos, etc. — seront peu ostentatoires et les marques visibles de luxe seront limitées. Celles qui visent un emploi managérial portent des tenues conservatrices et plutôt masculines, mais sans aller jusqu'au pantalon : la tenue, qui marque la féminité, sera stricte, à l'image du sage tailleur. Elles porteront aussi les cheveux dégagés, peu de maquillage et peu de bijoux[49].

---

49. Cf. Forsythe *et alii*, « Influence of applicant's dress on interviewer's selection decisions », *Journal of Applied Psychology*, 70, 2, 1985, p. 374-378. C. L. Cox et W. H. Glick, « Resume evaluations and cosmetics use : when more is not better », *Sex Roles*, 14, 2, 1986, p. 51-58.

Le poids, facteur d'exclusion

L'apparence corporelle compte également pour beaucoup. Les recruteurs n'apprécient guère la surcharge pondérale, ce qui a d'ailleurs donné lieu à une jurisprudence. Depuis, un employeur ne peut, sans sérieuses raisons, alléguer officiellement ce motif. Le plus souvent, les arguments avancés pour refuser un candidat jugé trop gros sont liés aux exigences particulières de certains emplois : déplacements, agilité, représentation, éventuels problèmes cardiaques, etc. En vérité, la discrimination est le produit d'un stéréotype que les publicitaires n'ont pas encore réussi à modifier en profondeur[50].

Tout ce qui traduit une déviation par rapport à la norme est systématiquement interprété négativement par les employeurs, les collègues ou les clients. Évidemment, la surcharge pondérale et l'obésité sont particulièrement visées. Dans le même temps, la proportion de Français qui ont un poids anormalement élevé augmente[51]. Ils représentent désormais 39 % de la population, ce qui nous rapproche des Américains où le taux est de 55 %. Environ 15 % des jeunes conscrits de 18 à 22 ans avaient en 1993 une surcharge modérée ou importante, alors qu'ils n'étaient que 11 % en 1987[52]. Entre 1997 et 2000, le pourcentage de Français obèses est passé de 8,2 à 9,6 %[53]. Les femmes sont plus touchées que les hommes, en particulier quand elles sont

---

50. Il y a quelques années, Virgin avait, dans ses campagnes d'affiches, magnifié et mis en scène une très forte femme.
51. Le poids normal est défini par l'indice de masse corporelle. Un indice normal est compris entre 20 et 25. Entre 25 et 29, les spécialistes parlent de surcharge pondérale et au-delà de 30, d'obésité.
52. Source : Service de santé des armées.
53. Source : INSERM.

issues de milieux populaires. 20 % des femmes qui vivent dans la précarité sont obèses[54].

La tolérance des individus et, bien évidemment, des employeurs face aux gros est faible. À la différence de la taille ou de la calvitie, par exemple, la surcharge pondérale passe, en effet, pour relever largement de la responsabilité de chacun. Les obèses seront donc blâmés personnellement pour leur caractéristique. Pire, ils seront victimes de stéréotypes négatifs et très puissants comme la mauvaise santé mentale, le manque de confiance en soi ou encore l'absence de volonté. Ils seront jugés, *a priori*, moins actifs, moins intelligents, moins travailleurs et peu compétents. On pensera aussi qu'ils manquent d'esprit d'initiative, qu'ils ont un faible potentiel, qu'ils sont moins chanceux et moins populaires que des personnes de poids normal.

Ces nombreux stéréotypes négatifs se répercutent inévitablement dans la vie professionnelle. Les gros sont moins souvent recrutés et s'ils le sont, ils se voient assigner des tâches moins importantes dans des emplois moins compétitifs. Des psychologues ont ainsi montré à des recruteurs de faux dossiers de postulants pour un emploi de cadre[55]. Ils y joignaient les photos afin de pouvoir confronter les jugements portés selon que le candidat était obèse ou pas. Il s'est alors avéré que les minces étaient tenus pour plus autoritaires — ce qui, en l'occurrence, apparaissait plutôt comme une qualité, et qu'ils étaient vus comme de meilleurs chefs. On estimait aussi qu'ils seraient mieux acceptés par leurs collègues et leurs subordonnés.

---

54. *Panorama du médecin*, 6 décembre 2001.

55. N. E. Hankins, « Effects of height, physique and cranial hair on job-related attributes », *Psychological Reports*, 45, 1979, p. 853-854. Voir aussi une étude plus récente qui confirme la discrimination dont sont victimes les gros : R. B. L. Pingitore *et alii*, « Bias against overweight job applicants in a simulated employment interview », *Journal of Applied Psychology*, 79, 1994.

Cela ne veut pas dire qu'une minceur excessive soit néces-sairement valorisée[56], tout dépend des qualités recherchées pour l'emploi, mais un corps modérément musclé et enve-loppé sera, lui, associé à des stéréotypes plus favorables. Toutes les études menées depuis les années 1950 convergent pour montrer sans aucune ambiguïté la perception extrême-ment négative de la surcharge pondérale, en particulier quand il s'agit des femmes[57]. Ce facteur de discrimination sur le marché du travail devrait prendre de l'ampleur à la faveur du développement de l'obésité[58]. Inégalement répar-tie selon les groupes sociaux, l'obésité aggrave dramatique-ment la situation et les perspectives de tous ceux qui se voient, pour une question de poids, privés des bénéfices que devraient leur rapporter leurs efforts, leur travail ou les diplômes qu'ils ont obtenus.

---

56. Il existe à ce sujet une étude menée dans l'Université du Missouri par le professeur L. A. Mast qui souligne que tout dépend sans doute de l'image globale du candidat faite à la fois d'un visage (fin ou large) et d'un corps (mince ou enve-loppé). Un corps plutôt enveloppé n'est pas nécessairement rejeté et la minceur ne suscite pas toujours des sentiments positifs. *Impression formation : do facial feature or body types have a greater influence on first impressions ?*, Missouri Western State College, décembre 1996.

57. M. L. Klasen *et alii*, « The role of physical appearance in managerial decisions », *Journal of Business and Psychology*, 8, 1993, p. 181-198. Et égale-ment : « Stereotypical beliefs about overweight and smoking and decision-making in assignement to sales territories », *Perceptual and Motor Skills*, 69, 1989, p. 419-429.

58. Aux États-Unis, on note une inquiétante augmentation du nombre d'obèses dans la population. Alors qu'il y avait déjà 12 % d'obèses en 1991, ce pourcentage est passé à 17,9 % en 1998. En un laps de temps aussi court, cette évolution est particulièrement importante. C'est surtout chez les jeunes que l'augmentation du nombre d'obèses est la plus forte (elle passe de 7,1 à 12,1 % sur la même période). En outre, il faut ajouter à cette population d'obèses ceux qui ont un poids anor-malement élevé. Près de 63 % de hommes et 55 % des femmes de plus de 25 ans ont en effet un poids au-dessus de la normale. Parmi les plus de 25 ans, on trouve 21 % d'hommes obèses et 27 % de femmes obèses. (*Journal of the American Medical Association*, 20 octobre 1999.)

Les ravages du jeunisme

Alors que le nombre de salariés et de chômeurs âgés augmente, les enfants du baby-boom se trouvent confrontés au développement de stéréotypes négatifs concernant les vieux travailleurs. Les recruteurs, surtout s'ils sont relativement jeunes, pensent que les gens âgés sont moins dynamiques et efficaces. En France, la discrimination due au vieillissement est bien perçue par l'opinion. Le magazine *Rebondir* a ainsi publié les résultats d'un sondage où la question posée était la suivante : « Vous personnellement, dites-moi si vous pensez que là ou vous travaillez, à niveau de formation et de compétences égales, les personnes qui sont dans les situations suivantes ont les mêmes chances d'être recrutées ou d'être embauchées que les autres. »

	Oui	Non	NSP	Total
Une personne qui a plus de 50 ans	40	58	2	100
Une personnes handicapée physiquement	47	49	4	100
Une personne qui a des opinions syndicales ou qui désire faire partie d'un syndicat	55	41	3	100
Une femme qui a un ou plusieurs enfants en bas âge ou qui exprime le souhait d'en avoir prochainement	57	40	3	100
Une personne d'origine africaine ou maghrébine	63	36	1	100
Une personne obèse ou de très petite taille	64	34	2	100
Une personne homosexuelle	68	26	6	100

L'INÉGALITÉ DES CHANCES (Source : Ipsos, 11-12 janvier 2001.)

La discrimination dont sont victimes les plus de 50 ans semble donc flagrante aux yeux des Français. De la même façon, une enquête a été réalisée aux États-Unis auprès de 101 personnes spécialistes en gestion de carrière et en *outplacement*[59]. Les réponses données étaient les suivantes :

• 75 % des experts admettaient que, dans l'économie d'aujourd'hui, avoir l'air jeune donne aux hommes un avantage sur le marché du travail et dans leur entreprise.

• 70 % affirmaient que l'apparence a un impact sur le salaire et qu'avoir l'air plus jeune est important pour l'avancement et les promotions.

• 65 % indiquaient que leurs clients masculins avaient perdu des occasions professionnelles parce qu'ils paraissaient trop vieux.

L'âge réel d'un homme n'est certes pas modifiable et suffit à opérer comme un facteur de discrimination mais, pour une part, la jeunesse est une question d'aspect. Dans le sondage précédent, on apprenait que les signes qui révélaient l'âge élevé étaient : les vêtements qui ne sont pas à la mode (73 %) ; le manque d'enthousiasme ou d'énergie (67 %) ; les cheveux gris (58 %) ; les rides (50 %) ; un poids excessif (40 %).

En France aussi, nous sommes attentifs aux vêtements pour évaluer l'âge d'une personne : 70 % des Français déclarent ainsi qu'un homme qui suit la mode est moderne et dans le coup. Il n'est pas étonnant, dans ces conditions, qu'il faille faire jeune et « branché » pour plaire aux recruteurs.

---

59. National Family Opinion (NFO), « Strategies for job success », *survey*, juillet 2001.

Les fumeurs bientôt à l'écart

Par honnêteté et souci d'équité, il faut bien signaler aux candidats que fumer nuit gravement à l'apparence et, donc, au succès. La consommation de tabac est de moins en moins tolérée au sein des entreprises et dans la vie sociale. Cette vague d'ordre moral et d'aspiration à un mode de vie sain, qui préserve la santé et l'intégrité physique, avait déjà déferlé sur les États-Unis. Les Français connaissent désormais le phénomène.

Les fumeurs américains sont d'ores et déjà victimes d'une discrimination à l'embauche et dans le déroulement de leur carrière. Les employeurs associent la consommation de tabac à un risque accru de maladie. L'aspect du fumeur régulier est, en outre, modifié (dents et doigts jaunis, toux), ainsi parfois que son odeur... On commence justement à bien pouvoir mesurer l'impact de l'odeur sur la perception globale d'un individu. Il est de plus en plus clair que les sentiments positifs ou négatifs qu'on éprouve à l'endroit d'une personne en dépendent en partie[60]. Cela explique que le « marketing olfactif[61] » soit en plein

---

60. Georg Simmel, dans *Sociologie des sens*, a observé que les odeurs sont un facteur d'exclusion. À la différence de la vue ou de l'ouïe, l'odorat est « le sens désagrégeant ou antisocial par excellence ». C'est lui qui suscite les plus vifs sentiments de répulsion. Cette répulsion est évidemment le fruit de notre propre société (elle est un prétexte, un construit social). La marginalisation de ceux qui ne « sentent pas bon » ou simplement « autrement » en raison de leurs conditions d'existence ou de travail est ainsi appuyée sur une réaction olfactive. Georg Simmel note également que l'incompréhension et l'hostilité des communautés d'individus sont entretenues par cet élément. Les Anglais reprochent aux Français leur saleté et l'antisémitisme en Allemagne, l'ostracisme à l'égard des classes laborieuses ou le racisme aux États-Unis y trouveraient un aliment. L'odeur est un des instruments de l'exclusion et de la stigmatisation et sa force mériterait des études plus fouillées.
61. *Le Marketing olfactif*, Paris, Éditions LPM, 1999.

développement, même si, pour le moment, on ne dispose pas d'information sur le rôle précis des odeurs dans la vie professionnelle.

Contre les fumeurs, on peut signaler le fait que la législation, en interdisant de fumer sur les lieux de travail et dans les lieux publics, les amènent à délaisser plus souvent leur poste de travail et aussi le fait que fumer soit devenu un marqueur social très efficace. En effet, 53 % des chômeurs et 50 % des ouvriers sont fumeurs, contre seulement 44 % des employés et 30 % des cadres. Aux États-Unis, les personnes qui fument appartiennent plus souvent aux minorités raciales, sont plus souvent des femmes et travaillent plus souvent comme salariés peu qualifiés. Les fumeurs, déjà victimes de discrimination lors du recrutement, ont aussi des salaires nettement plus faibles[62].

Les beaux gagnent plus

Les inégalités qui résultent de l'apparence sont, nous venons de le souligner, considérables et souvent ignorées. La différence de salaire entre beaux et laids est ainsi d'une ampleur insoupçonnée, même s'il existe quelques spécialistes de la question en Grande-Bretagne et aux États-Unis.

Un universitaire londonien a conduit une étude économique sur un panel de 11 000 Britanniques âgés de 33 ans[63]. Il s'est alors aperçu que les individus plus beaux ne

62. P. B. Levine *et alii*, « More bad news for smokers ? The effects of cigarette smoking on wages », *Industrial and Labor Relations Review*, 50, 3, avril 1997, p. 493-509.
63. B. Harper, « Beauty, Statute and the Labour Market : a british cohort study », *Oxford Bulletin of Economics and Statistics*, 62, décembre 2000, p. 773-802.

gagnaient pas beaucoup plus que la moyenne nationale[64]. En revanche, les moins séduisants percevaient un salaire inférieur de 15 % pour les hommes et de 11 % pour les femmes. Il y avait donc bel et bien une discrimination liée à l'apparence. Approximativement, si un Anglais touche en moyenne un salaire de 20 000 livres, ceux dont le physique est plus ingrat que la moyenne perdent environ 3 000 livres par an.

En outre, les hommes de grande taille (plus grands que la moyenne) gagnent 5 % de plus que les autres et les personnes de petite taille (plus petite que la moyenne) sont pénalisées de 5 %. Les femmes obèses perdent également 5 % de salaire. Dans certaines activités, les effets de l'apparence étaient encore plus forts : un beau vendeur gagnait 13 % de plus et un vendeur de grande taille 25 % de plus.

Dénonçant cette discrimination, le professeur Barry Harper concluait son étude en demandant à la classe politique et aux milieux d'affaires de réorienter la lutte contre les discriminations.

Les salaires varient donc au gré de l'apparence, et c'est également vrai, dans certains cas, des résultats d'une entreprise[65]. Le succès en affaires peut dépendre en grande partie du physique de ses dirigeants. Ainsi, aux États-Unis, les femmes entrepreneurs dans le secteur des cosmétiques gagnent plus lorsqu'elles ont belles : les 20 % les plus

---

64. Aux États-Unis, le professeur Ellen Berscheid a calculé, sur un échantillon de 7 000 salariés, que les rémunérations des personnes plus séduisantes étaient supérieures de 15 % à celles des employés jugés peu attirants. Voir E. Berscheid, « Appearance prejudice : impression management or discrimination ? », *in* Smith et Hanebury, *Issues in the Work Place : Human Resource Dilemmas*, New York, Dame Publications Inc, 1996.
65. R. A. Baron et G. D. Markman, « Effects of entrepreneur's appearance on their financial success : evidence of positive effects for both genders », *Les notes du Lirhe*, note 344 (01-07), juin 2001.

séduisantes gagnent tout simplement 20 % de plus que les 20 % les moins attrayantes. Ce constat semble, si l'on en croit certaines études, pouvoir aussi s'appliquer aux hommes entrepreneurs de sexe masculin et dans des secteurs comme l'industrie minière où la beauté joue *a priori* un moindre rôle[66].

Un éminent professeur d'économie de l'Université du Texas a livré des résultats stupéfiants sur la beauté et le marché du travail dans un article paru dans la prestigieuse *American Economic Review*[67]. Ayant étudié plusieurs échantillons représentatifs de la population nord-américaine, il a constaté que les hommes jugés très laids ou simplement plus laids que la moyenne, soit environ 9 % de l'échantillon total, étaient fortement pénalisés. Ils recevaient un salaire horaire inférieur de 9 % à celui dont ils auraient dû bénéficier compte tenu de leur instruction, de leur origine ethnique, de leur expérience et ancienneté, de leur situation matrimoniale, de leur état de santé (handicap éventuel), de la taille de leur entreprise, de la région ou de la ville où ils se trouvaient et du secteur d'activité de leur entreprise[68] !

---

66. Dans une autre étude ce sont les pourboires obtenus par les serveurs d'un restaurant mexicain de Houston au Texas qui ont été observés : ceux qui sont séduisants touchent de meilleurs pourboires que leurs collègues moins attirants. L'apparence physique a autant d'importance qu'un bon service aux clients. Pour les serveuses, l'effet beauté était encore plus fort et pour elles, comme pour les serveurs, c'était surtout le soir que les pourboires dépendaient le plus de la séduction. Voir M. Lynn et T. Simons, « Predictors of male and female servers' average Tip earnings », *Journal of Applied Social Psychology*, 30, 2000, p. 241-252.

67. D. S. Hamermesh et J. E. Biddle, « Beauty and the labor market », *American Economic Review*, 84, 5, 1994, p. 1174-1194.

68. Contrairement à d'autres études, ici on a tenu compte non seulement des visages mais aussi du poids et de la taille. Néanmoins, le poids et la taille ne semblent pas avoir dans cette enquête, un effet net. C'est l'appréciation portée sur le haut du corps et le visage qui est essentielle et c'est elle qui déterminerait finalement et avant tout le jugement des autres, ici des clients, des collègues, des chefs et des employeurs.

Les hommes au physique supérieur à la moyenne ou très séduisants (soit 32 %) gagnaient, par contre, 5 % de plus qu'ils n'auraient dû compte tenu des mêmes facteurs mentionnés ci-dessus[69]. Pour les femmes, la « pénalité » due à un désavantage physique n'était que de 4 %, mais la « prime de beauté » restait de 5 %. On peut être surpris de constater que le physique joue un moindre rôle dans la vie professionnelle des femmes : le bon sens inclinerait à penser le contraire. Ce phénomène curieux s'explique en fait très simplement : les femmes les moins séduisantes sont aussi celles qui ont un taux d'activité nettement inférieur (– 11 %) à celui des femmes dont le physique est au-dessus de la moyenne. L'écart de salaire entre les individus les plus attirants et ceux qui le sont moins est très significatif. Certaines études américaines ont montré qu'il correspondait à 1,5 année d'études supplémentaires !

La beauté est une sorte de diplôme ou, du moins, de passeport et de capital humain que le marché du travail reconnaît financièrement. Certes, le sexe, le niveau d'études ou l'origine ont également un impact, mais le poids de l'apparence physique est loin d'être nul et il y a un lien entre la beauté du visage, les standards physiques de taille et de poids et le revenu[70]. Ces différences de salaires s'expliquent également par des différences de carrières qui sont en partie subordonnées à leur apparence.

---

69. Les plus beaux gagnent 9 % de plus soit environ 25 000 dollars de plus par an en moyenne.
70. Pour fixer les idées, la discrimination salariale entre hommes et femmes (à emploi et durée de travail égaux) correspond en France à environ 5,5 %. Cf. « L'écart de salaires entre hommes et femmes », *Économie et Statistique*, n° 337, fév. 2001.

Des carrières à plusieurs vitesses

Le physique d'un salarié pèse lourdement sur le déroulement de sa carrière. Les Français en ont partiellement conscience même s'ils sous-estiment l'ampleur du phénomène. Pour eux, une personne, à compétences égales, n'a pas sur leur lieu de travail les mêmes chances d'avoir un niveau de salaire et un déroulement de carrière équivalent à ceux des autres :

- si elle est obèse ou de très petite taille (19 %) ;
- si elle est handicapée (42 %) ;
- si elle a plus de 50 ans (46 %) ;
- si elle est homosexuelle (18 %) ;
- si elle est d'origine maghrébine ou africaine (28 %)[71].

Les individus au physique agréable ont un déroulement de carrière plus rapide et meilleur. Si l'on en croit l'étude menée sur d'anciens diplômés de gestion, les hommes et les femmes qui sont séduisants voient leurs salaires progresser plus vite durant les dix années qui suivent leur première embauche à la sortie de l'université[72]. De la même manière, cinq ans à peine après l'obtention de leur diplôme, les avocats au physique agréable gagnent déjà mieux leur vie que les autres. Et plus ils acquièrent de l'expérience, plus l'écart se creuse...

Toutes les études disponibles confirment qu'il existe bien une prime de beauté qui facilite et accélère la carrière[73] :

---

71. Sondage IPSOS pour *Rebondir*, 11 au 20 janvier 2001.
72. I. Frieze *et alii*, « Attractiveness and income for men and women in management », *Journal of Applied Social Psychology*, 21 (3), juillet 1991, p. 1039-1057.
73. J. Ross et K. R. Ferris, « Interpersonal attraction and organizational outcomes — a field examination », *Administrative Science Quarterly*, 26, 1981, p. 617-632.

à productivité ou résultats égaux, un beau salarié est davantage promu[74]. Plusieurs causes peuvent expliquer ce phénomène :

— *La carrière d'un individu, d'un cadre en particulier, dépend des premiers emplois occupés.* Le salaire à l'embauche est annonciateur des revenus ultérieurs. Or les personnes au physique agréable ont, à emploi égal, un meilleur premier salaire.

— *Le succès professionnel est favorisé par une belle apparence* dans de nombreux emplois, pour ne pas dire dans tous.

— *Le déroulement de la carrière dépend, au même titre que l'accès au premier emploi, de l'importance du réseau de relations mobilisable.* Or les salariés les plus séduisants sont aussi plus sociables. Leurs amis, leurs connaissances ou simplement leur conjoint peuvent constituer un précieux capital[75].

— *Les techniques d'évaluation du personnel ne permettent pas de neutraliser le biais lié à l'apparence.* Les méthodes d'évaluation reposent très largement, en particulier pour les emplois qualifiés, sur des entretiens et sur l'appréciation

---

74. Les meilleures revues scientifiques américaines fourmillent d'études qui établissent un biais dû à l'apparence. Telle cette étude réalisée auprès de responsables des ressources humaines dans les entreprises : P. Morrow *et alii*, « The effects of physical attractiveness and other demographic characteristics on promotion decisions », *Journal of Management*, 16, 1990, p. 723-736. Citons encore les travaux plus récents du professeur S. Wayne qui montrent que les plus séduisants sont jugés plus performants publiés en 1991 dans *Organization Behavior and Human Decision Processes* (48) et en 1995 dans l'*Academy of Management Journal* (38).

75. Dans une grande enquête menée entre 1985 et 1995 aux États-Unis dont les résultats sont publiés dans la plus prestigieuse revue de management américaine, on apprend (on vérifie !) que le fait d'avoir des amis haut placés dans une entreprise accroît sérieusement le salaire des individus. Voir M.-D. Seidel *et alii*, « Friends in high places : the effects of social networks on discrimination in salary negociations », *Administrative Science Quarterly*, 45/1, mars 2001.

portée par le supérieur hiérarchique et, parfois, les collègues et les subordonnés. Il est fréquent d'évaluer le potentiel des cadres lors de séminaires résidentiels où la séduction jouera un grand rôle et où les capacités relationnelles et les relations humaines sont valorisées.

Pas plus que les outils de recrutement, les techniques d'évaluation des performances et du potentiel ne parviennent à éviter l'injustice liée à l'apparence, et il faut nuancer l'opinion répandue selon laquelle chacun peut démontrer son efficacité dans le travail et peut donc être récompensé de ses efforts et de ses résultats par des promotions et un salaire plus élevé. D'abord, parce que les efforts déployés ne produisent pas le même résultat pour tous : certains jouissent d'un avantage comparé, ou d'un handicap, lié à leur aspect. Ensuite, parce que le jugement sur les résultats peut être faussé. Enfin, parce que la performance actuelle, à supposer qu'elle soit objectivement mesurée, ne préjuge pas tout à fait de la capacité à occuper des postes de niveau supérieur. Plus difficiles et surtout différents, ceux-ci requièrent d'autres qualités, et l'apparence va de nouveau compter à ce stade.

Ainsi, non seulement l'évaluation, c'est-à-dire le bilan qui est dressé de la performance d'un salarié, est faussé par l'apparence mais les conséquences qui doivent en être tirées en termes de carrière et de salaire sont altérées. En somme, les mêmes performances ne sont pas appréciées et récompensées de la même manière selon que leur auteur est beau ou sans charme. Une étude française menée auprès d'étudiants en gestion à l'université de la Sorbonne confirme les résultats américains sur ce point[76].

---

76. H. Garner, « L'apparence comme facteur de discrimination en gestion des ressources humaines/analyse en phases de recrutement et d'évaluation de carrière », Mémoire de DEA, directeur J.-F.-Amadieu, université Paris-I Panthéon-Sorbonne, 1999.

On a demandé à des étudiants de remplir un questionnaire d'évaluation concernant une femme cadre ou une assistante commerciale. Ils disposaient de la fiche récapitulative de l'entretien annuel d'appréciation. Au vu de ce rapport, il leur était demandé de noter les compétences professionnelles de l'assistante ou de la femme cadre. Les notes pouvaient aller de 1 (excellent) à 6 (médiocre) et portaient sur :

• l'efficacité dans le travail et le respect des délais prévus ;

• la rapidité de compréhension et d'exécution des tâches dans le travail ;

• la maîtrise des compétences indispensables pour effectuer le travail ;

• la maîtrise des outils informatiques ;

• le degré de motivation ;

• le degré d'implication.

Dans un premier temps, on a constaté que les évaluateurs se montraient plus indulgents à l'égard des salariées qui avaient un mauvais bilan mais qui étaient belles et que les femmes cadres performantes et belles étaient jugées professionnellement meilleures... Dans un deuxième temps, il a été question de proposer une augmentation de salaire (allant de 0 à plus de 2 000 francs) et de décider d'une éventuelle évolution de carrière (jusqu'à un poste de direction). Certains évaluateurs avaient un bon rapport et d'autres un mauvais bilan annuel. D'autres avaient, en plus, la photo de la personne à évaluer. Elle montrait tantôt une jeune femme dont le niveau de séduction était considéré comme moyen, tantôt une jeune femme beaucoup plus attirante (il s'agissait d'un mannequin professionnel). Le but était de pouvoir mesurer précisément l'effet produit par l'image.

Il s'est avéré que :

— les évaluateurs ont accordé une augmentation salariale de 1 500 francs lorsque la photo du mannequin était jointe à un dossier de qualité ;

— la proposition d'augmentation est tombée à 1 000 francs pour le même dossier sans photo ;

— la proposition de salaire diminuait encore pour le même dossier lorsque la photo montrant une femme d'une beauté moyenne était jointe.

Précisons que ce sont les hommes qui étaient les plus sensibles à une belle apparence et qui accordaient des augmentations entre 1 500 et 2 000 francs... Quant aux évolutions de carrière suggérées par les évaluateurs, elles étaient également meilleures lorsque le dossier comportait une photo de belle femme.

Les cadets de West Point

Les collègues de travail, les subordonnés, les clients et les supérieurs hiérarchiques ne jugent pas simplement en fonction des résultats mais aussi de l'apparence, et les stéréotypes sont parfois si puissants qu'ils peuvent vraiment décider d'une carrière. Il en va ainsi pour les cadets de West Point.

Les cadets de cette prestigieuse académie militaire américaine n'auront pas tous une carrière aussi brillante et l'on peut prédire, presque à coup sûr, quel sera leur grade le plus élevé avant leur départ à la retraite. Pour cela, il suffit d'observer leur photo lorsqu'ils étaient à West Point[77]. Leur

---

77. U. Mueller et A. Mazur, « Facial dominance of West Point cadets as predictor of later military rank », *Social Forces*, 74 (3), mars 1996, p. 823-850.

physique, leur taille et leur visage ont un premier effet sur leur classement à l'académie. Plus de vingt ans après leur sortie de West Point, la forme de leur visage, alors qu'ils étaient cadets, continue à permettre de prédire le grade qu'ils atteindront compte tenu de leur parcours scolaire (rang de sortie), de leur famille (parents instruits, père officier) et d'autres variables qui peuvent avoir une incidence sur la carrière (comme les amis ou le type d'arme qu'ils ont choisi).

Les cadets qui ont un visage considéré par leur environnement comme « dominant » auront une meilleure carrière que ceux dont le visage donne le sentiment à leur environnement d'être « soumis ». Le visage « dominant » est carré, les lèvres sont fines, les sourcils sont épais, proéminents et abaissés, les yeux sont partiellement clos, les oreilles sont collées et paraissent plus petites. Le visage « poupon » comporte des yeux larges, une face ronde, des sourcils minces, un nez de bébé, etc.

Certaines formes de visages correspondent à des stéréotypes tellement puissants qu'elles ont visiblement un effet décisif sur les carrières des gradés issus de la même académie militaire. Ainsi, sur 140 colonels sortis de West Point, seuls 56 sont devenus après 20 ans de service brigadier général et 31 ont atteint le grade de major général. Or leur visage est la seule variable qui soit clairement corrélée à leur carrière. La tête d'un cadet de West Point est le meilleur prédicteur de carrière qui soit.

Il est étonnant de constater qu'une institution comme l'armée américaine, soucieuse d'efficacité, fasse aussi peu de cas des mérites et du potentiel. Le rang de sortie de l'académie militaire, c'est-à-dire le « general order of merit » qui est calculé à partir des performances scolaires, du leadership et des capacités sportives, n'a manifestement pas de rapport avec la suite de la carrière. Le mérite ne paraît jouer

Quelques exemples de visages, classés du plus « dominant » à gauche au plus « soumis » à droite, et leur position la plus élevée.
Les visages sont classés de 2 à 6, du plus enfantin, ou « soumis », au plus masculin ou « dominant ».
On constate qu'aucun colonel au visage de type 2 n'obtient de promotion et il est démontré que plus son visage est dominant, plus il bénéficie de promotions. De la même manière, les généraux ont d'autant plus de chances d'obtenir leurs 4 étoiles qu'ils ont un visage dominant.
(D'après U. Mueller et A. Mazur, 1996.)

un rôle que pour les petits grades. Par contre, les promotions aux grades élevés, à partir de colonel, dépendent étroitement et surtout du visage (à un moindre degré d'une allure athlétique et de son nombre d'amis, c'est-à-dire du nombre d'amis au cours de la scolarité à l'académie militaire).

Le fait de ne pas beaucoup sourire (en dégageant par exemple les dents) donne par exemple l'air plus dominant et ceux qui accèdent au plus haut grade ont proportionnellement un sourire plus discret. Tout se passe comme si le visage fournissait un signal des capacités de commandement, de l'ambition, de la force, de la capacité à encaisser des coups et de l'agressivité. Peu importe que leur personnalité corresponde ou pas à ce que les autres croient, un solide préjugé profite aux uns et handicape les autres. Et c'est la force du préjugé que l'on mesure, et non un lien éventuel et non démontré entre la forme d'un visage, des traits de personnalité et un déroulement de carrière.

Persécution et harcèlement au travail

Le harcèlement moral sur le lieu de travail suscite depuis quelques années un très fort intérêt. Longtemps considéré comme une question secondaire, elle fait désormais l'objet d'une attention particulière en raison non seulement de l'étendue du phénomène (on estime à 1 million le nombre de Français qui en sont victimes)[78] mais aussi des conséquences fâcheuses tant pour les salariés concernés que pour les entreprises elles-mêmes.

Or, parmi les facteurs déclenchants, on trouve souvent des traits physiques : poids excessif, petite taille, nez trop long, grandes oreilles, visage laid, etc. Les disgrâces physiques engendrent la dévalorisation du salarié par le biais de plaisanteries ou d'insultes. Elles peuvent donner lieu aussi à des actions répétées de caractère non verbal, comme des dessins suggestifs ou des gestes. Ces différentes formes de discrimination, en privé ou en public, émanent tantôt d'une personne isolée, tantôt d'un groupe. Dans ce dernier cas, la victime devient le bouc émissaire du bureau ou du magasin.

Toutefois, le harcèlement sur le lieu de travail est un phénomène complexe qui n'épargne pas les salariés dont le physique est conforme, ou même supérieur, aux normes. Le

---

78. H. Leymann, *Mobbing*, Paris, Seuil, 1996.

plus souvent, ce sont les femmes qui en sont victimes et qui en paient le prix, parfois très lourdement. Mais qu'il s'agisse de harcèlement sexuel, de manipulation psychologique ou encore de brimades contre des employées jugées trop belles par leurs collègues ou leurs supérieurs hiérarchiques, on en revient, d'une certaine manière, à la question des apparences.

Ces différentes formes de harcèlement conduisent bien souvent le salarié à une marginalisation professionnelle, à la dépression ou encore à la démission et au licenciement. De même que l'accès à l'emploi dépend en grande partie de l'apparence, la perte d'un emploi peut résulter de simples caractéristiques physiques ou vestimentaires.

Pour protéger davantage les salariés contre les discriminations, la loi s'est faite peu à peu plus précise. Depuis 1992, le harcèlement sexuel est sanctionné pénalement (article 122-46 du Code du travail). La loi de modernisation sociale du 17 janvier 2002 a considérablement élargi la définition du harcèlement et introduit la notion de harcèlement moral dans le droit.

Le harcèlement moral dans le texte de loi

« Aucun salarié ne doit subir les agissements répétés de harcèlement moral qui ont pour objet ou pour effet une dégradation des conditions de travail susceptible de porter atteinte à ses droits et à sa dignité, d'altérer sa santé physique ou mentale ou de compromettre son avenir professionnel. Nul ne peut prendre en considération le fait que la personne intéressée a subi ou refusé de subir les agissements définis à l'article L. 122-46 et ceux définis au premier alinéa du présent article, ou bien a témoigné de tels agissements ou les a relatés, pour décider notamment en matière d'embauche, de rémunération, de formation, d'affectation, de qualification, de classification, de promotion professionnelle, de mutation, de résiliation, de renouvellement de contrat de travail ou de sanctions disciplinaires » (article L. 122-49).

Discrimination : le secours de la loi

Aujourd'hui, 13 % de Français disent avoir été victimes de discrimination lors de la recherche d'un emploi ; 18 % ont le sentiment d'avoir été l'objet de discrimination sur leur lieu de travail et 27 % ont été témoins de discrimination exercées sur un collègue ou sur une personne qui postulait pour un travail. Ces chiffres traduisent une certaine prise de conscience du phénomène, bien qu'ils soient encore très éloignés de l'étendue réelle du problème.

La loi française offre, depuis novembre 2001, une protection renforcée contre les discriminations au travail. Pour la première fois la notion de discrimination est élargie à de nouveaux éléments : l'âge, l'orientation sexuelle, le patronyme et l'apparence physique. La loi intègre toutes les formes de discrimination en les étendant à l'ensemble de la carrière et en élargissant la prohibition de la discrimination à tout ce qui concerne l'accès à un stage ou à une période de formation en entreprise. Ainsi, la rémunération, la formation, l'affectation, la qualification, la classification, la promotion professionnelle et la mutation entrent désormais dans le champ de la loi[79]. Surtout, la charge de la preuve a été aménagée : ce n'est plus à la victime de démontrer qu'elle est victime mais à l'auteur des faits reprochés de prouver qu'ils n'ont pas été commis. Comme il est très difficile de prouver que l'on n'a pas fait quelque chose, on peut penser que toutes les entreprises devront rapidement se doter de procédures précises garantissant l'objectivité de leurs décisions. Les juges recherchent s'il

---

79. Nouvel article L. 122-45 du Code du travail.

existe des critères objectifs pour justifier d'éventuelles disparités et l'employeur doit démontrer que la différence de traitement constatée repose exclusivement sur des faits objectifs et professionnels. Des procédures d'alerte et de traitement des litiges avec les syndicats sont aussi indispensables pour les entreprises qui prouvent ainsi leur bonne volonté. La saisine de la justice est d'ailleurs facilitée puisque les organisations syndicales peuvent agir à la place du salarié.

**Contre la discrimination au travail :
le Code du travail depuis la loi du 6 novembre 2001**

« Aucune personne ne peut être écartée d'une procédure de recrutement ou de l'accès à un stage ou à une période de formation en entreprise, aucun salarié ne peut être sanctionné, licencié ou faire l'objet d'une mesure discriminatoire, directe ou indirecte, notamment en matière de rémunération, de formation, de reclassement, d'affectation, de qualification, de classification, de promotion professionnelle, de mutation ou de renouvellement de contrat en raison de son origine, de son sexe, de ses mœurs, de son orientation sexuelle, de son âge, de sa situation de famille, de son appartenance ou de sa non-appartenance, vraie ou supposée, à une ethnie, une nation ou une race, de ses opinions politiques, de ses activités syndicales ou mutualistes, de ses convictions religieuses, de son apparence physique, de son patronyme ou, sauf inaptitude constatée par le médecin du travail dans le cadre du titre IV du livre II du présent code, en raison de son état de santé ou de son handicap.

« Aucun salarié ne peut être sanctionné, licencié ou faire l'objet d'une mesure discriminatoire pour avoir témoigné des agissements définis aux alinéas précédents ou pour les avoir relatés.

« En cas de litige relatif à l'application des alinéas précédents, le salarié concerné ou le candidat à un recrutement, à un stage ou à une période de formation en entreprise présente des éléments de fait laissant supposer l'existence d'une discrimination

---

directe ou indirecte. Au vu de ces éléments, il incombe à la partie défenderesse de prouver que sa décision est justifiée par des éléments objectifs étrangers à toute discrimination. Le juge forme sa conviction après avoir ordonné, en cas de besoin, toutes les mesures d'instruction qu'il estime utiles. (article L. 122-45)[80].

C'est indirectement une façon de reconnaître que la vie professionnelle n'échappe pas à l'influence croissante et insidieuse de l'apparence. L'accès à un emploi, le niveau du salaire, le déroulement d'une carrière, le maintien à un emploi dépendent fortement de la séduction d'une personne, de sa beauté et de sa conformité à certaines normes sociales comme le vêtement, la coiffure ou le maquillage. Les lois de novembre 2001 et celle de janvier 2002 fourniront, à n'en pas douter, une base plus solide pour limiter le « facéisme », le harcèlement et les discriminations selon l'apparence, mais la tâche est immense...

---

80. Pour les fonctionnaires, depuis la loi du 6 novembre 2001, l'article 6 du statut de la fonction publique, portant droits et obligations des fonctionnaires, indique : « Aucune distinction, directe ou indirecte, ne peut être faite entre les fonctionnaires en raison de leurs opinions politiques, syndicales, philosophiques ou religieuses, de leur origine, de leur orientation sexuelle, de leur âge, de leur patronyme, de leur état de santé, de leur apparence physique, de leur handicap ou de leur appartenance ou de leur non-appartenance, vraie ou supposée, à une ethnie ou une race. » On a ajouté des facteurs de discrimination nouveaux : l'âge, l'orientation sexuelle, le patronyme, l'apparence physique, la race, qui ne figuraient pas antérieurement. Et, pour les fonctionnaires également, c'est tous les aspects de la vie professionnelle qui sont désormais concernés par la non-discrimination. La loi précise : « Aucune mesure concernant notamment le recrutement, la titularisation, la formation, la notation, la discipline, la promotion, l'affectation et la mutation ne peut être prise à l'égard d'un fonctionnaire en prenant en considération [les éléments discriminatoires mentionnés plus haut]. »

Chapitre 6

DÉLIT DE SALE GUEULE

« Il est bon en pareille occasion de plaire un peu aux yeux,
ils vous recommandent au cœur. »
MARIVAUX, *La Vie de Marianne*.

Le dénigrement des traits physiques est un élément
important du racisme et de la xénophobie. La vocation de
la caricature est d'amplifier les aspects disgracieux du corps,
de tourner en ridicule une apparence, une allure, un visage.
L'antisémitisme s'est ainsi appuyé sur ce type de représentations physiques et, notamment, sur le « nez ethnique »,
pour reprendre l'expression d'Alain Finkielkraut. Désha-
billé, n'ayant plus la protection que lui conférait sa coiffure,
son maquillage, ses vêtements et sa position sociale, l'individu est alors exposé à des dangers qui peuvent aller très
loin. L'histoire du XXᵉ siècle l'a malheureusement prouvé à
plusieurs reprises. Comme le dit Hannah Arendt, pour la
première fois avec l'âge moderne, « l'homme affronte
l'homme sans être protégé par les différences de situation
et de condition[1] ».

---

1. H. Arendt, *Sur l'antisémitisme*, Paris, Calmann-Lévy, 1973.

Stigmatisés

Les atteintes portées au corps sont caractéristiques des univers carcéraux. Le sociologue américain Erving Goffman a bien montré comment dans diverses institutions claustrales — prisons, casernes, hôpitaux psychiatriques mais aussi certains sanatoriums, établissements scolaires, orphelinats, couvents ou maisons de retraite —, les reclus étaient atteints dans leur apparence et leur intégrité physique (coupe de cheveux, uniforme, marquage, etc.). Pour ces différentes institutions, il s'agit, en effet, d'opérer une rupture avec la vie antérieure mais aussi avec la vie à l'extérieur. Tous les reclus seront logés à la même enseigne et on traquera sans pitié cette part d'individualisme et de liberté qui se manifeste notamment par l'allure et les préférences vestimentaires[2].

Dans le même ouvrage, Goffman fait également remarquer combien le personnel de ce type d'établissements entretient des relations particulières avec les reclus. Outre les ordres et les consignes qu'il donne, il les touche physiquement, les manipule, les pousse, les empoigne. On mesure tout ce qui sépare ce genre de rapports d'une relation hiérarchique classique et normale au sein d'une entreprise... De la même façon, les membres du personnel s'adresseront aux prisonniers et pensionnaires à très haute voix alors qu'ils emploieront un ton mesuré pour parler entre eux. L'atteinte physique et l'humiliation qui en résulte provoquent une dépersonnalisation qui joue un rôle central dans le fonctionnement de ces institutions claustrales et, bien entendu, dans celles qui ont basculé dans l'horreur et les solutions les plus extrêmes, comme les camps de concentration et d'extermination.

---

2. E. Goffman, *Asiles*, Paris, Minuit, 1968.

Depuis les années 1970, on a entrepris de limiter, quand on le pouvait, les atteintes et la dépersonnalisation si caractéristiques des établissements carcéraux. On a ainsi créé un centre de soins esthétiques dans le quartier des femmes de la prison de Fleury-Mérogis : l'esthéticienne qui en était l'instigatrice avait même lancé en 1975 un diplôme de « socioesthéticienne ». Dans le même esprit, en 1992, une association de femmes, le CEW (Cosmetic Executive Women), a décidé de financer des instituts de beauté dans les hôpitaux. Il en existe, aujourd'hui, en France, dans certains services de cancérologie, d'obstétrique et de traumatologie.

Pour les malades hospitalisés, les bénéfices d'une telle opération sont multiples. Continuer de faire attention à son apparence permet à la fois de mieux supporter les moments difficiles, de mieux endurer l'enfermement et, enfin, d'accepter le regard des autres et son propre regard sur les dommages physiques que la maladie peut causer. La « beauté thérapie » aide à reprendre confiance en soi. Dans les prisons, il s'agit plus de faciliter la réinsertion, le retour à l'emploi et la reprise d'une vie affective ultérieure en limitant ou supprimant totalement les stigmates du prisonnier, du délinquant ou du criminel.

Car certains traits physiques, certaines apparences, certaines marques sur le corps jouent bien le rôle de stigmates, tant ils sont associés dans l'esprit de chacun à des comportements marginaux, délinquants ou criminels. Comme le notait déjà Balzac dans *Splendeurs et misères des courtisanes*, « il en est du vol et du commerce de fille publique, comme du théâtre, de la police, de la prêtrise et de la gendarmerie. Dans ces six conditions, l'individu prend un caractère indélébile. Il ne peut plus être que ce qu'il est. Les stigmates du divin sacerdoce sont immuables, tout aussi bien que ceux du militaire. Ces diagnostics violents, bizarres, singuliers, *sui generis*, rendent la fille publique et le voleur, l'assassin et le libéré, si faciles à reconnaître, qu'ils sont pour leurs ennemis, l'espion et le gendarme, ce qu'est le gibier pour le chasseur : ils ont des allures, des façons, un teint, des regards, une couleur, une odeur, enfin des propriétés infaillibles. De là, cette science profonde du déguisement chez les célébrités du bagne[3]. »

Ajoutons, pour compléter la description balzacienne, qu'on peut parfaitement ne pas être délinquant ou criminel et offrir, bien malgré soi, une apparence qui, en raison de puissants préjugés, ne jouera pas en sa faveur. On a, par exemple, observé que la famille et les enseignants prêtaient volontiers aux jeunes enfants les plus laids un caractère ombrageux et violent. Au bout du compte, ces enfants finiront effectivement par se comporter ainsi sous l'effet d'une forme de prédiction créatrice : s'ils n'étaient pas différents des autres avant, leur environnement va, peu à peu et inconsciemment, les enfermer dans le rôle qui leur a été assigné par leur seule apparence.

Enfants sages, enfants turbulents

Et cette surdétermination commence malheureusement très tôt, nous l'avons vu, et le fait, pour un enfant, de commettre des bêtises plus ou moins graves n'aura pas du

---

3. Balzac donne un exemple précis des stigmates de la prison parfois seulement perceptibles par les détenus eux-mêmes. Ils s'agit d'une démarche particulière dont il est difficile de se départir même après de nombreuses années hors du bagne. Celle-ci provient du port d'une chaîne à un pied qui relie à un autre prisonnier (la manicle). L'habitude prise de tirer davantage sur une jambe donne ensuite une démarche qui « tire à droite ». « Ce diagnostic, connu des forçats entre eux, comme il l'est des agents de police, s'il n'aide pas à la reconnaissance d'un camarade, du moins la complète. »

tout les mêmes conséquences selon qu'il est plutôt mignon ou, à l'inverse, plutôt laid.

On a ainsi demandé à des adultes de sanctionner des fautes commises par des enfants de 7 ans[4]. Pour cela, ils disposaient de dossiers décrivant les transgressions plus ou moins graves dont l'enfant s'était rendu coupable. Par exemple : « Peter a jeté une boule de neige à un camarade qui a depuis un hématome à la jambe » ou, plus grave : « Peter a fabriqué une boule de neige en enveloppant un bloc de glace coupant dans de la neige et a blessé un enfant en envoyant cette boule (l'enfant a une coupure profonde qui saigne). » Les photos de ces enfants étaient jointes au dossier. Il s'agissait de photos en noir et blanc qui représentaient des garçons et des filles plus ou moins séduisants mais sans difformité particulière. On s'arrangeait évidemment pour faire varier les situations (bel enfant/faute grave, bel enfant/ faute légère, etc.).

Dans un premier temps, il a été demandé aux adultes de décider de la gravité de la faute commise. On s'est alors aperçu que les personnes interrogées se montraient plutôt tolérantes à l'égard des enfants les plus beaux. La même faute était jugée plus légèrement lorsque le fautif était séduisant : la gravité des faits et leur qualification différaient donc selon l'apparence physique du jeune coupable.

Dans un deuxième temps, on a demandé aux mêmes personnes de dire s'il leur semblait probable que l'enfant commette une nouvelle transgression à l'avenir. Et là encore, on s'est rendu compte qu'elles étaient convaincues que les beaux enfants récidiveraient moins que les autres.

---

4. K. K. Dion, « Physical attractiveness and evaluation of children's transgressions », *Journal of Personality and Social Psychology*, 24, 2, 1972, p. 207-213.

Et elles en étaient d'autant plus certaines que la faute commise était grave...

Pourquoi, donc, les adultes réagissent-ils de cette façon ? Parce qu'ils considèrent que les beaux enfants sont moins « asociaux », même s'ils font des bêtises. Les enfants moins séduisants leur paraissent, en revanche, fondamentalement malhonnêtes et déplaisants. Il faut dire et redire à quel point ce préjugé est dommageable.

Des enfants qui, pour des raisons physiques, sont perçus, *a priori*, comme peu honnêtes, auront dans leur vie de tous les jours, à la maison ou à l'école, plus de mal à se disculper, même quand ils n'ont rien fait. Le personnage de Poil de Carotte, inventé par Jules Renard, en est un bon exemple. À cause de ses cheveux roux et de ses taches de rousseur, il passe pour sournois, sale, cruel, il aurait le cœur sec et tous les défauts de la Terre. C'est inexact, et pourtant il se retrouve, contre son gré, dans des situations qui confortent ces stéréotypes négatifs : « Comme à l'ordinaire, Monsieur Lepic vide sur la table sa carnassière. Elle contient deux perdrix. Grand frère Félix les inscrit sur une ardoise pendue au mur. C'est sa fonction. Chacun des enfants a la sienne. Sœur Ernestine dépouille et plume le gibier. Quant à Poil de Carotte, il est spécialement chargé d'achever les pièces blessées. Il doit ce privilège à la dureté bien connue de son cœur sec. » L'enfant essaie bien de changer de rôle, de marquer l'ardoise ou de plumer, mais on le lui refuse. Il peine à tuer les perdrix et s'efforce d'abréger leurs souffrances. Sa mère pense qu'il fait le sensible mais qu'en dedans il savoure sa joie et ses frères et sœurs le traitent de bourreau.

L'enfant est stigmatisé, il n'est pas compris et n'inspire aucune pitié. C'est que le soutien des autres et leur générosité lorsque l'on souffre et lorsque l'on a besoin d'aide sont plus facilement accordés à ceux qui plaisent. Comme le dit Marivaux dans *La Vie de Marianne*, « il est bon en pareille occasion de plaire un peu aux yeux, ils vous recommandent au cœur ». Un jeune ayant belle apparence suscitera donc plus volontiers l'aide des autres et leur inspirera confiance[5]...

La mécanique judiciaire

Le processus judiciaire n'échappe pas à la dictature de l'apparence. À l'époque médiévale déjà, les ecclésiastiques jugeaient de la possession démoniaque de quelqu'un à partir des signes, verrues et taches, qu'il portait sur la peau. Et quand deux individus étaient suspectés d'un même crime, les textes recommandaient de condamner le plus laid[6]...

Certes, les temps ont changé et la justice s'est en partie débarrassée d'un certain nombre de vices de forme. Néanmoins, le physique des juges professionnels continue d'exercer une grande influence sur les décisions des jurés, tant leur point de vue est perceptible à travers leurs messages non verbaux qu'ils envoient[7]. De la même façon, les témoins sont toujours plus ou moins entendus, crédibles et convaincants selon leur apparence et leur tenue[8]. Enfin, l'apparence des prévenus ou la beauté des avocats jouera, elle aussi, un

---

5. On s'est, par exemple, aperçu que les « barmen » servaient bien volontiers de l'alcool à un mineur sans lui demander de justifier de son âge, si celui-ci était beau et s'il était seul. M. McCall « The effects of physical attractiveness on gaining access to alcohol », *Addiction*, 92, 5, 1997, p. 597-600.

6. R. A. Wright, « Physical attractiveness and criminal behavior », *in Encyclopedia of Criminology*, à paraître, Fitzroy Dearborn Publishers, Chicago, été 2002.

7. Voir notamment, parmi plusieurs études qui le montrent, P. D. Blanck, R. Rosenthal et D. Hazzard Cordell, « The appearance of justice : judges' verbal and nonverbal behavior in criminal jury trials », *Standard Law Review*, 38, 1, novembre 1985, p. 89-164.

8. C'est pourquoi il existe des indications à ce sujet, par exemple : « Conseils aux policiers appelés à témoigner devant les tribunaux : choix de l'habillement et contrôle du langage corporel, dans le but de projeter une image positive et crédible », *Sûreté*, 14/9, septembre 1994, p. 9-12.

grand rôle sur la décision finale des juges et des jurés. Si, comme nous l'avons vu au chapitre précédent, les avocats les plus séduisants gagnent plus d'affaires, il est également prouvé que les accusés séduisants sont traités avec une plus grande clémence.

Cette règle se vérifie pour différents types de crimes et de délits[9]. Dans une université de Toronto au Canada, quand on a demandé à des étudiants leur opinion sur un lien éventuel entre la présomption de culpabilité et l'attirance physique, ils ont répondu avec conviction que l'attrait physique ne devait pas intervenir dans le verdict. Malheureusement, quand on leur a présenté des dossiers comportant tantôt la photo d'un prévenu séduisant, tantôt celle d'un prévenu plutôt laid, ils ont estimé, à dossier identique, que les plus beaux étaient moins souvent coupables...

S'agissant des affaires criminelles sexuelles, il est établi que les accusés au physique peu avenant sont plus souvent accusés. Ils le sont plus durement et sont considérés comme plus dangereux[10]. Signalons, toutefois, qu'il existe un délit pour lequel une apparence de séducteur peut être préjudiciable : dans les affaires d'escroquerie, par exemple, la beauté joue un rôle négatif dans la mesure ou le pouvoir de séduction de l'accusé est relié à la tromperie dont ont été victimes les plaignants, et les coupables sont alors davantage sanctionnés[11].

---

9. M. G. Efran, « The effect of physical appearance on the judgement of guilt, interpersonal attraction, and severity of recommended punishement in a simulated tury task », *Journal of Experimental Research in Personality*, 8, 1974, p. 45-54. J. Devon, « The effects of defendant and juror attractiveness on simulated courtroom trial decisions », *Social Behavior and Personality*, 16, 1, 1988, p. 39-50.

10. Esses et Webster, « Physical attractiveness, dangerousness, and the canadian criminal code », *Journal of applied Social Psychology*, 18, 1988, p. 1017-1031.

11. H. Sigall et N. Ostrove, « Beautiful but dangerous : effects of offender attractiveness and nature of the crime on juridic judgment », *Journal of Personality and Social Psychology*, 31, 1975, p. 410-414.

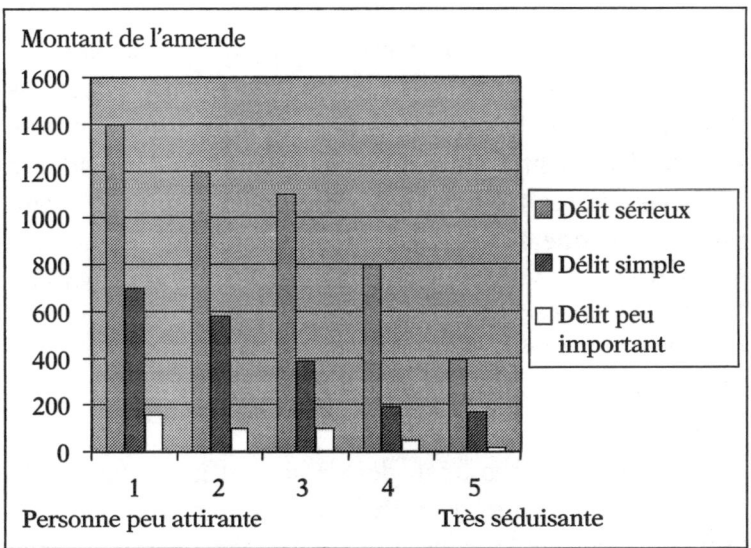

MONTANT DE LA SANCTION FINANCIÈRE SELON LA GRAVITÉ
DE LA FAUTE ET LA BEAUTÉ DU COUPABLE.
(D'après Downs et Lyons, 1991.)

En dehors de cette exception, il ne fait pas bon, en
général, être laid si l'on veut pouvoir compter sur la clémence des juges et des jurés ou simplement d'un traitement
équitable. Il a été bien montré, par exemple, que les juges
de l'État du Texas prenaient des décisions différentes selon
la beauté des accusés[12]. À titre d'exemple, voici les peines
infligées pour des délits selon le degré de séduction des coupables. On remarquera que c'est surtout lorsque le délit
commis est grave que la prime ou le défaut de beauté a un
effet spectaculaire.

---

12. C. Downs et P. Lyons, « Natural observances of the links between attractiveness and initial legal judgements », *Personality and Social Psychology*, 10, 1991,
p. 418-421.

L'importance des stigmates est telle que si l'on pratique une chirurgie réparatrice, si l'on remédie aux tatouages, brûlures ou cicatrices, le taux de récidive chez les détenus qui ont bénéficié d'une telle opération diminue considérablement[13]. On peut légitimement se demander si les bénéficiaires ne sont pas simplement moins souvent condamnés une fois qu'ils ont amélioré leur apparence physique[14]...

Le bon Dieu sans confession

Un visage attirant est globalement efficace devant les juges, mais on peut essayer d'aller plus loin et de préciser les traits physiques qui inspirent confiance. Pour commencer, il est avéré qu'un visage d'homme plutôt féminin inspirera des sentiments plus positifs. Un article de la revue *Nature* paru en 1998 a, en effet, mis en évidence le fait que nous aimions de plus en plus les hommes qui ressemblent à des femmes[15]. Exception faite de certains contextes professionnels comme l'armée, un visage aux traits masculins est, en revanche, associé à des préjugés très négatifs, comme la froideur, la malhonnêteté ou l'irresponsabilité envers d'éventuels enfants.

Nous savons que des hommes et des femmes inspirent spontanément confiance, tandis que d'autres suscitent une méfiance instinctive. C'est vrai dans la vie courante, en

---

13. R. L. Kurzberg et N Cavior, *Surgical and Social Rehabilitation of Adults Offenders*, actes de la 76ᵉ convention de l'Association des psychologues américains, 1968, p. 649-650.
14. J. E. Stewart, « Defendant's attractiveness as a factor in the outcome of trials », *Journal of Applied Social*, Psychology, 10, 1980, p. 348-361.
15. D. Perrett *et alii*, art. cité.

affaires, en politique, devant le fisc, la police ou les tribunaux. Pour être crédible, mieux vaut présenter un visage
plutôt beau et plutôt symétrique. Des traits difformes ou
irréguliers semblent, en effet, indiquer un individu insai-
sissable et qui se complaît dans l'irrégularité, comme si les
« faces tordues » paraissent être prêtes à tous les « coups
tordus[16] ». En revanche, l'ordre qui règne sur un visage aux
traits réguliers fait penser que la personne est droite et
régulière...

Autre solution pour avoir l'air honnête : ressembler à
un enfant. « La vérité sort de la bouche des enfants », c'est
bien connu, et c'est de cette croyance que bénéficient ceux
qui ont conservé certains traits poupins. Avoir de grands
yeux est également un indicateur souvent utilisé inconsciemment par ceux qui ont besoin de se faire un avis sur
l'honnêteté de quelqu'un, sans doute, là encore, parce que
des yeux grands ouverts évoquent l'enfance et l'innocence[17].
Enfin, la dernière qualité physique qui inspire la confiance,
même quand on n'est pas d'une grande beauté, est le sourire
et le fait d'avoir l'air heureux.

Bien entendu, chacune de ces caractéristiques possède
son effet propre. Lorsqu'on les cumule, c'est-à-dire qu'on
possède un visage symétrique et attrayant, une face
d'enfant, de grands yeux ouverts sur le monde et, enfin,
une attitude positive, on est beaucoup plus sûr d'inspirer

---

16. Les Anglo-Saxons emploient d'ailleurs l'expression de *crooked face* pour
désigner ces visages irréguliers et tordus qui semblent, aux yeux de tous, être ceux
d'individus malhonnêtes. Or « crook » ou « crooked » signifie à la fois courbe,
tordu, insatisfaisant, malhonnête et se dit d'une personne ayant des pratiques frau-
duleuses ou criminelles.

17. Une psychologue de l'Université de Brandeis aux États-Unis a examiné
les jugements rendus par un tribunal de Boston qui traitait de petits délits. Il s'est
avéré que les coupables qui avaient un visage d'enfant bénéficiaient de la clémence
des juges quand les accusés au visage plus mature étaient durement condamnés.
L. Zebrowitz, *Reading Faces*, Westview Press, 1997.

confiance. Mais y a-t-il vraiment un rapport entre le sentiment que l'on éprouve spontanément devant le visage de quelqu'un et son honnêteté réelle ?

Faut-il se fier aux apparences ?

Prenons le cas du père Canquoële, individu peu sympathique que Balzac nous décrit ainsi : « En vous arrêtant au trait distinctif du visage, un nez plein de gibbosités, rouge et digne de figurer dans un plat de truffes, vous eussiez supposé un caractère facile, niais et débonnaire à cet honnête vieillard essentiellement gobe-mouches, et vous eussiez été dupe, comme tout le café David. » En effet, le père Canquoële est un espion qui, sous une apparence faussement débonnaire, envoie à l'échafaud ceux qu'il a l'occasion de dénoncer...

La personnalité et le comportement ne sont pas lisibles sur un visage, contrairement à ce que pensent les morphopsychologues. Les délinquants au visage d'enfants commettent plus de délits que les jeunes délinquants au visage mature[18]. Tout le monde les juge pourtant sensibles, soumis, faibles physiquement et honnêtes... De la même façon, les bons pères de famille ou les bandits de grand chemin ne le sont pas en raison d'une nature qui serait inscrite dans leurs gènes et leur apparence physique. C'est plus simplement l'environnement qui dicte souvent les comportements[19].

---

18. L. Zebrowitz *et alii*, « Bright, bad, babyfaced boys : appearance stereotypes do not always yield self-fulfilling prophecy effects », *Journal of Personality and Social Psychology*, 75 (5), 1998.

19. Ainsi, le psychologue Stanley Milgram a montré comment des individus ordinaires pouvaient se transformer en tortionnaires simplement parce qu'ils obéissaient à une autorité. S. Milgram, *Soumission à l'autorité*, Paris, Calmann-Lévy, 1982.

Il faut signaler en particulier le rôle extrêmement fort que jouent les préjugés de l'entourage, proche ou lointain. L'environnement amène progressivement un individu à agir comme on s'y attend. Ainsi un individu va-t-il développer progressivement une personnalité et des comportements en adéquation avec sa bonne mine. Si l'on en croit les résultats d'une étude américaine, les hommes qui ont un visage honnête le seraient effectivement davantage que les autres : ce faisant, ils se conformeraient à l'image que les autres ont d'eux. Des psychologues ont, en effet, demandé à 72 personnes d'évaluer le visage de quelque 200 personnes dont ils avaient la photo à des âges différents (à 10 ans, à la puberté, à 16 ans, à 30 ans, à 50 et enfin à 60 ans)[20]. Ils ont ensuite demandé à 24 autres personnes leur sentiment sur l'honnêteté de ces 200 personnes. Enfin, ils ont fait passer des tests de personnalité, réalisé des entretiens et rassemblé des informations précises sur d'éventuels comportements de tricherie, de tromperie ou de fraude. Ils ont alors pu vérifier que l'impression produite par les visages était confirmée par les faits. Pour les hommes donc, il semblerait qu'on puisse plutôt se fier aux apparences. Chez les femmes, en revanche, il en va tout autrement si l'on en croit les résultats de cette même étude.

Une jeune fille a beau être malhonnête dès son plus jeune âge, elle a beau tricher, mentir ou voler à l'école comme à la maison, elle n'en va pas moins se forger une apparence de femme honnête à l'âge adulte. On peut se demander pourquoi les femmes seraient plus machiavéliques que les hommes, parvenant à se composer un visage qui leur permet de mentir

20. L. Zebrowitz *et alii*, « Wide-eyed and cooked-faced : determinants of perceived and real honesty accross the life span », *Personality and Social Psychology Bulletin*, 22, 1996, p. 1258-1269.

sans que cela se voie. Plusieurs hypothèses ont été avancées. La première est que les femmes, à la différence des hommes, ont à la fois moins de pouvoir et moins de moyens pour atteindre leurs objectifs autrement. La deuxième hypothèse est qu'elles ont tout simplement l'habitude de jouer avec leur apparence. Le maquillage, en particulier, peut améliorer les traits, dissimuler des irrégularités, agrandir des yeux, épaissir des lèvres. La coiffure est également plus soignée ou sophistiquée. Or ces pratiques, qui sont admises et encouragées par la société, renforcent l'impression d'honnêteté. Les toutes jeunes filles seraient aussi très rapidement convaincues que leur succès dans la vie repose en grande partie sur leur pouvoir de séduction. Leur sentiment se vérifiant dans la pratique, elles en viendraient à cultiver, à des fins stratégiques, l'artifice et l'art du déguisement.

Ces différents facteurs expliqueraient qu'une fillette au visage honnête ne devienne pas nécessairement plus honnête avec les années. Chez les femmes, il n'y aurait donc pas de prophétie créatrice : l'apparence, le look, la beauté seraient instrumentalisés. Une femme utilisera donc sans hésiter et ouvertement son capital de séduction, car il constitue une ressource précieuse et irremplaçable. Les hommes n'ont pas autant conscience de disposer de ce capital, il ne leur semble pas aussi légitime et naturel de le développer. Leur apparence leur « colle à la peau » et les définit. Pour reprendre la formule d'Oscar Wilde, « le visage d'un homme est son autobiographie [...]. Celui d'une femme est une pure fiction ».

Chapitre 7

POLITIQUE ET SÉDUCTION

En politique aussi, l'apparence des candidats n'a cessé de prendre de l'importance. Peut-on mesurer et préciser l'ampleur de cet impact ? Existe-t-il vraiment une prime de beauté dans ce domaine particulier où le travail de représentation et de communication le dispute de plus en plus au débat d'idées ? La scène politique ne serait-elle plus qu'un théâtre et l'État un « spectacle », pour reprendre une expression chère à Roger-Gérard Schwarzenberg[1] ?

Charmer pour convaincre

Toutes les études l'ont montré : les individus les plus séduisants sont parés d'abondantes qualités, comme l'intelligence, la compétence ou l'équilibre psychologique, qu'ils ne possèdent pas mais qui produisent de puissants effets. Une personne d'apparence agréable aura une opinion qui compte davantage, elle sera davantage charismatique. Le charme et le charisme étant les deux faces d'une même

---

1. R.-G. Schwarzenberg, *L'État spectacle*, Paris, Flammarion, 1977.

pièce, il n'est pas étonnant que les électeurs soient plus volontiers portés à suivre et à croire un homme ou une femme politique qui offre un physique séduisant : la sociabilité, la popularité et le désir de rapprochement ont à voir avec l'apparence.

En outre, une belle personne semblera également plus honnête, ce qui n'est pas négligeable en ces temps où l'image du personnel politique ne cesse de se dégrader. Qu'on en juge ! Actuellement, 61 % des Français considèrent que les élus et les dirigeants sont plutôt corrompus ; 57 % éprouvent de la méfiance vis-à-vis de la classe politique, 20 % de l'ennui et 20 % du dégoût. Les jeunes ont une opinion encore plus négative puisque seuls 25 % des 18-24 ans croient en l'honnêteté de la classe politique[2].

Or la simple expertise d'un candidat, sa sincérité et sa bonne volonté ne suffiront pas à faire triompher les idées qu'il défend. Si les électeurs ne choisissent pas un bulletin de vote de la même manière qu'une savonnette, si leur vote est relativement stable au gré des campagnes, il n'en reste pas moins que l'apparence physique d'un candidat peut infléchir les comportements électoraux, à l'instar de ce qui se passe lorsqu'une vedette sympathique et physiquement attirante vante les mérites d'un produit et en double les ventes[3] !

---

2. Chiffres en 1999, sondages SOFRES menés depuis 1977, publiés aux éditions du Seuil.

3. Voir notamment, parmi de nombreux travaux convergents sur ce point, L. R. Kahle et P. M. Homer, « Physical attractiveness of the celebrity endorser : A social adaptation perspective », *Journal of Consumer Research*, 11, mars 1985, p. 954-961 ; M. J. Cabalero et W. M. Price, « Selected effects of salesperson sex and attractiveness », *Journal of Marketing*, 48, janv. 1994, p. 94-100 ; J. W. Beney, « The credibility of physically attractive communications : A review », *Journal of Advertising*, 11 (3), 1982, p. 15-24 ; J.-M. Lehu, sur l'utilisation des stars dans la publicité, thèse de l'université Paris-I Panthéon-Sorbonne.

Cela ne surprendra personne lorsqu'il s'agit de parfums, de sous-vêtements, de bas ou de voitures : le consommateur potentiel se souviendra mieux du produit et il en aura une meilleure opinion s'il lui a été « vendu » par une personnalité belle et célèbre. S'il s'intéresse spontanément à l'objet, lequel répond à un besoin, il s'attachera un peu moins aux aspects périphériques comme la beauté du mannequin qui lui fait la réclame, et un peu plus aux qualités intrinsèques du produit, mais, même alors, il restera sensible aux charmes du vendeur, et plus souvent, de la vendeuse.

La publicité capte l'attention et fait passer un message susceptible d'induire une évolution des comportements d'achat en jouant sur trois qualités princeps :

— *l'expertise* de la personnalité choisie, c'est-à-dire sa compétence, son expérience, sa qualification, ses connaissances ;

— *la confiance* qu'elle inspire, c'est-à-dire sa sincérité, son honnêteté, sa fiabilité, son indépendance ;

— *l'attrait physique* qu'elle présente, soit sa beauté, sa classe, son élégance et son sex-appeal...

Or, comme nous l'avons vu, les apparences sont à ce point puissantes qu'elles peuvent renforcer ou affaiblir la perception des compétences de quelqu'un, tout comme son capital de confiance[4]. L'impact du sex-appeal est d'ailleurs un phénomène bien connu en matière de communication. À titre d'exemple, quand le psychologue britannique Adrian North a demandé à des adolescents d'évaluer la musique d'une vingtaine d'artistes de pop' music, les réponses ont

4. R. Ohanian, « Construction and validation of scale to measure celebrity endorsers' perceived expertise, trustworthiness, and attractiveness », *Journal of Advertising*, 19, 3, 1990, p. 39-52.

montré que les musiciens les meilleurs étaient, comme par hasard, les musiciens les plus beaux...

Face à cela, la classe politique française objecte qu'il ne faut pas se préoccuper de considérations si triviales : les 2 be 3 ne relèvent pas de la même catégorie que Jean-Pierre Chevènement, Alain Madelin et François Bayrou, pas plus que Stone et Charden ne sont Arlette Laguiller et Alain Krivine. Cela ne les empêche pourtant pas, depuis plusieurs années, de faire appel à des publicistes, des conseils en communication ou des « lookers ». On soutient néanmoins que la stabilité du corps électoral et les déterminants structurels du vote ne laissent qu'une place marginale à l'aspect du candidat, que le message politique est prépondérant et que le succès passe par une solide implantation locale et non pas par la starification et la médiatisation.

Si ces arguments sont à prendre au sérieux, on ne voit toutefois pas pourquoi la vie politique échapperait à une règle qui exerce sa tyrannie partout ailleurs. Comment l'apparence ne jouerait-elle pas son rôle quand le message politique est affadi par un système de partis « attrape-tout » positionnés au centre, que le système repose sur des scrutins uninominaux, c'est-à-dire « personnalisés », et qu'une part croissante de l'électorat n'a pas de décision arrêtée et de convictions assez fortes pour résister aux charmes d'un candidat ou à la répulsion que lui inspire tel autre[5] ?

---

5. Les spécialistes de la communication et du marketing politique ne sont pas les seuls à penser que l'apparence des candidats est finalement un bon moyen d'intéresser le grand public, de renouer des fils distendus avec les jeunes en particulier. Pour le philosophe Gilles Lipovetsky, loin d'appauvrir la politique et d'en écarter le plus grand nombre, la recherche de la séduction est finalement non seulement efficace mais souhaitable. G. Lipovetsky, *L'Empire de l'éphémère — la mode et son destin dans les sociétés modernes*, Paris, Gallimard, 1987.

Il semble qu'en France nous ayons occulté la dimension psychologique du comportement électoral. Or un électeur réagit aussi affectivement aux stimuli que lui envoie un candidat politique. Il ressentira de la proximité, il partagera une colère ou une joie, il éprouvera de l'attirance, etc. Comme le notait déjà Roland Barthes, « ce qui passe dans la photo du candidat, ce ne sont pas ses projets, ce sont ses mobiles, toutes les circonstances familiales, mentales voire érotiques, tout ce style d'êtres dont il est à la fois le produit, l'exemple et l'appât[6] ».

Des études probantes

Compte tenu du sous-développement de la psychologie politique et de la méconnaissance de la dimension émotionnelle du comportement électoral[7], les enquêtes françaises sont rares dans ce domaine. Heureusement on dispose de résultats très instructifs venus d'outre-Atlantique[8].

Dans une étude canadienne, on a notamment cherché à savoir si les charmes d'un militant pouvaient renforcer l'adhésion du public. Pour le savoir, on a chargé 110 étudiants des deux sexes de faire signer une pétition[9]. Le motif invoqué concernait le restaurant universitaire qui

6. R. Barthes, *Mythologies*, Paris, Seuil, 1957.

7. P. Braud, *L'Émotion en politique*, Paris, Presses de la Fondation nationale des sciences politiques, 1996.

8. M. G. Efran et E. Patterson, « Voters vote beautiful : the effect of physical appearance on a national debate », *Canadian Journal of Behavioral Science*, 6, 1974, p. 352-356.

9. S. Chaiken, « Communicator physical attractiveness and persuasion », *Journal of Personality and Social Psychology*, 37, 8, 1979, p. 1387-1397. Deux études publiées dans des revues scientifiques nord-américaines ont les mêmes résultats s'agissant du degré de persuasion des hommes séduisants auprès d'hommes et de femmes (Horai *et alii* en 1974 et Snyder en 1971).

continuait de servir de la viande à tous les repas. Chacun s'est donc posté à un endroit du campus. Après un bref discours, le militant demandait à l'étudiant qui l'avait écouté s'il partageait son avis et s'il acceptait de signer la pétition, puis, accessoirement, s'il voulait bien répondre à certaines questions du genre : « La personne qui vous a interrogé était-elle sympathique ? Compréhensible ? Séduisante ? etc. »

Comme toujours, certains militants étaient plutôt séduisants et d'autres moins attirants. Le but de l'étude était de mesurer précisément « l'effet beauté » dans un contexte très réaliste. À aucun moment, les étudiants démarchés ne savaient que l'on était en train d'évaluer la corrélation entre le degré de persuasion et l'apparence physique[10].

Les résultats obtenus sont clairs et probants : un physique séduisant augmente sensiblement la force de persuasion. Les étudiants sont toujours plus volontiers d'accord avec le beau militant ou la jolie militante, et cette règle se vérifie dans tous les cas de figure. La séduction suscite l'adhésion et celle-ci se concrétise par une signature sur la pétition. Ainsi le taux de signature est-il de 47 % lorsque c'est une militante séduisante qui démarche, contre 29 % lorsque la militante est moins charmante. Même chose pour le bel étudiant, qui glane 53 % de signatures, contre 38 %.

---

10. Cet aspect réaliste est essentiel car il évite un biais fréquent qui consiste pour les individus à adapter leurs réponses afin de satisfaire les responsables des enquêtes. Personne n'admet facilement être influencé par la bonne mine des autres (suivre l'avis des plus séduisants et repousser l'opinion des plus laids) et tout le monde cherche à se montrer sous son meilleur jour.

Séduction politique et féminisation

On a également cherché à savoir de quelle façon l'apparence physique était associée aux yeux des électeurs aux notions de compétence et d'incompétence[11]. Les électeurs interrogés croyaient évaluer des candidats potentiels. En réalité, on leur proposait de porter un jugement sur le physique et les compétences d'un échantillon de 44 députés des deux sexes.

En premier lieu, on a pu constater que les hommes et les femmes interrogés s'accordaient spontanément sur le pouvoir de séduction d'un homme politique. Quand il s'agissait d'une femme politique, l'accord était moins élevé et les opinions plus partagées. D'autre part, il est apparu que, pour les électeurs, les politiciens les plus séduisants étaient aussi les plus compétents. C'était vrai pour les hommes politiques et plus encore pour les femmes politiques. Enfin, on a noté que les électeurs ne faisaient pas de différence selon le sexe de la personnalité politique pour juger de sa compétence. Les électrices, en revanche, considéraient que les femmes politiques étaient nettement plus compétentes que les hommes.

Ainsi, le personnel politique féminin, quand il est séduisant, n'est donc pas soupçonné d'incompétence. Il profite même à la fois de la prime de beauté que lui reconnaissent les électeurs des deux sexes et de la prime féminine que lui accordent les électrices. Ce constat traduit une évolution nette des attitudes. Pendant longtemps, les femmes ont été considérées comme moins compétentes dès qu'il s'agissait

---

11. K. E. Lewis et M. Bierly, « Toward a profile of the female voter : sex differences in perceives physical attractiveness and competence of political candidates », *Sex Roles*, 22, 1/2, 1990.

de fonctions peu féminisées et peu habituelles, et leur éventuelle beauté constituait même un handicap supplémentaire et renforçait plutôt le préjugé d'incompétence[12]. Seuls les hommes politiques séduisants bénéficiaient d'un avantage électoral quand ils étaient beaux[13].

Aujourd'hui, tout comme les hommes, les femmes politiques voient leur capital de sympathie et d'estime augmenter en même temps que leur beauté, quel que soit le niveau de responsabilité qu'elles briguent. Elles cumulent même les avantages. Les électrices les trouvent généralement plus compétentes et plutôt plus attirantes en moyenne que les hommes politiques. À cette supériorité qui leur est reconnue par l'électorat féminin s'ajoute l'impact éventuel de leur beauté sur le corps électoral masculin. En effet, les hommes sont globalement plus impressionnés par le critère de beauté féminine : ils considèrent que les femmes sont en moyenne plutôt attirantes et ils se montrent plus indulgents avec elles qu'avec les hommes politiques[14]. Ils sont donc encore plus sensibles que les femmes aux charmes féminins, ce qui n'est pas surprenant. Ce qui l'est davantage, c'est qu'ils vont jusqu'à prêter une plus grande compétence aux femmes séduisantes...

---

12. M. E. Heilman et L. R. Saruwatari, « When beauty is beastly : the effects of appearance and sex on evaluation of job, applicants for managerial and non-managerial jobs », *Organizational Behavior and human Performance*, 23, 1979, p. 360-372.

13. Il n'y avait que pour les petits mandats électifs que la prime de beauté pouvait également s'appliquer aux femmes politiques. C. K. Sigelman *et alii*, « Gender, physical attractiveness and electability : an experimental investigation of voter biases », *Journal of Applied Psychology*, 16, 1986, p. 229-248.

14. Ainsi, plus de la moitié du jugement formulé par les électeurs sur la compétence d'une femme politique vient simplement de son pouvoir de séduction. Lewis et Bierly, art. cité.

De leur côté, les médias ne traitent pas les personnes politiques de la même façon. L'angle de traitement et les critères d'évaluation vont varier suivant le sexe. L'apparence physique, en particulier, retiendra davantage leur attention et on attachera moins d'importance à leur cheminement politique passé et à leurs idées...

La femme est-elle l'avenir de l'homme politique ?

L'évolution de la réaction des électeurs suggère à l'évidence de proposer aux suffrages une proportion plus élevée de femmes politiques. À qualités égales, celles-ci réussiront mieux, en effet. Une image féminine se révèle politiquement porteuse.

Les Français ont une très bonne opinion des femmes politiques. Par rapport aux hommes[15], elles leur semblent plus :

• proches des gens ;
• combatives ;
• réalistes ;
• ouvertes aux idées nouvelles ;
• courageuses ;
• honnêtes[16].

Si, de surcroît, ces femmes sont très séduisantes, les chances de succès augmentent encore très nettement. Il suffit d'observer la remarquable popularité des quelques rares femmes politiques en France.

Depuis 1974, dans les sondages d'opinion, Simone Veil a régulièrement occupé la première place parmi les personnes

---

15. Outre la corruption, 62 % des Français reprochent aux hommes politiques de ne pas se préoccuper des gens comme eux (SOFRES, 1996).
16. SOFRES/*Le Figaro Madame*, mai 1997.

de droite les plus populaires, et elle était la seule femme, encore en 1999, à figurer parmi les 15 personnalités politiques de droite les plus appréciées. À la même date, cinq des dix personnalités de gauche les plus appréciées des Français étaient des femmes : Martine Aubry, Élisabeth Guigou, Catherine Trautmann, Dominique Voynet et Ségolène Royal. Et la moins bien classée de ces femmes, Catherine Trautmann, obtenait encore un score supérieur au premier des hommes politiques de droite... La popularité de ces femmes a incontestablement profité à la gauche depuis 1997 et l'image du gouvernement de Lionel Jospin en a aussi été améliorée.

Ce n'est pas un hasard si la gauche a présenté un grand nombre de femmes aux législatives de 1997 et si elle s'est faite l'ardent avocat de la parité hommes/femmes pour les élections. En décembre 2001, on trouvait 6 femmes parmi les 27 personnalités politiques préférées des Français et 5 d'entre elles étaient de gauche : Arlette Laguiller (3e), Martine Aubry (5e), Marie-Georges Buffet (7e), Élisabeth Guigou (8e) et Dominique Voynet (14e). Michelle Alliot-Marie arrivait en 23e position[17]. On peut penser que la féminisation de

---

17. Dans le même temps, aux États-Unis, la période 1999-2000 a été un tournant hautement symbolique car, pour la première fois, plusieurs femmes ont été en lice ou ont manifesté leur intérêt pour la présidence. L'épouse de Bob Dole, Elisabeth, a été la première prétendante sérieuse à l'investiture. Quant à Hillary Clinton, elle a procédé par étapes en briguant et en obtenant finalement une fonction significative dans l'État de New York dont on connaît le poids lors des élections présidentielles. Dans d'autres pays, on a noté depuis une dizaine d'années l'irruption sur la scène politique de femmes dont la féminité était particulièrement revendiquée et manifestée par les activités professionnelles antérieures. Les exemples sont très nombreux : l'actrice de cinéma porno comme la Ciciolina élue au Parlement européen, transsexuel actrice de cinéma devenue parlementaire en Nouvelle-Zélande, ou encore « miss » et mannequin, ce qui est assez fréquent pour des élues de premier plan y compris dans des fonctions présidentielles dans de nombreux pays (au Venezuela, aux Philippines, etc.). Aux États-Unis, les républicains ont trouvé en Mary Bono un « sex symbol » (selon les termes du journal *George*). Élue à la chambre des représentants, cette très

la vie politique s'accentuera et que la beauté féminine régnera sur la vie politique comme elle a gagné la télévision, la publicité et le show business. En France, 84 % des Français seraient favorables à ce qu'une femme soit élue présidente de la République[18]. Le vote de la loi relative à la parité hommes/femmes est le pendant de cette évolution. Placer des femmes sur des listes politiques est devenu un argument électoral. On montre ainsi son modernisme, sa volonté de « coller à la France réelle ».

Curieusement, on fera remarquer que les partis politiques français préfèrent multiplier le nombre des femmes sur leurs listes que de faire une place à des candidats français issus de l'immigration. Sans doute se disent-ils que présenter un grand nombre de candidats de couleur aux élections heurterait les réticences des électeurs. Finalement, les partis politiques ne fonctionnent pas différemment des employeurs qui arguent du racisme implicite de leurs clients pour pratiquer une discrimination à l'embauche... En revanche, leur engouement pour les femmes n'est pas étranger aux profits d'image et de voix qu'ils espèrent en tirer.

Avec un certain sens du marketing politique, le parti socialiste a donc promu la cause des femmes. En 1997, le nombre de candidates aux élections législatives a été exceptionnellement élevé, puisqu'il a atteint 23 % des candidats, et les résultats ont fait figure de record historique puisqu'il y a eu près de 11 % de femmes élues, dont

---

séduisante femme, qui fut occasionnellement mannequin, est providentielle pour le parti républicain. Elle tranche parmi les hommes blancs et chrétiens du parti. Du côté démocrate, on fait davantage de place aux femmes mais aussi aux Afro-Américains, aux juifs, aux homosexuels, etc.

18. Sondage SOFRES/*Le Nouvel Observateur*, mai 1997.

2/3 étaient socialistes[19]. Bien qu'elles aient hérité de circonscriptions plus difficiles, les candidates ont obtenu des scores supérieurs aux hommes lorsqu'elles avaient déjà un mandat électif et parfois même lorsqu'elles n'en avaient pas[20]. L'intérêt des candidatures féminines n'a pas échappé aux formations politiques qui s'efforcent de combler leur retard sur le parti socialiste. On rappellera que les percées électorales locales du Front national, aux municipales et aux législatives, ont finalement été opérées ou favorisées par une notable proportion de femmes (Stirbois, Piat, Mégret, Le Chevallier, etc.). Proportionnellement, le FN a présenté aux législatives de 1997 plus de femmes (11,9 %) que le RPR (6,3) ou l'UDF (6,8) et presque autant que les verts (13,2). Du côté de la droite parlementaire, très en retard en matière de parité, l'élection fin 1999 de Michelle Alliot-Marie à la présidence du RPR traduit un virage important. Le succès d'une femme qui n'a pas renoncé aux signes de la féminité est la marque d'un tournant. De la même façon, la percée politique de Françoise de Panafieu à Paris témoigne de la volonté de la droite de rattraper le retard pris.

Quelle que soit l'image que renvoie une femme politique, qu'elle fasse office de grand-mère ou de grande sœur, qu'elle soit masculine ou bien féminine, il y aura toujours un effet positif qui s'explique notamment par les stéréotypes favorables attachés aux visages et aux traits féminins.

---

19. Nous reprenons ici les données présentées par Janine Mossuz-Lavau, « La percée des femmes aux élections législatives de 1997 », *Revue française de sciences politiques*, vol. 47, n° 3-4, juin 1997, p. 454-461.

20. Les Français ont donc montré qu'ils étaient plutôt favorables à la démarche du parti socialiste qui présentait 1/3 de femmes aux législatives : 37 % d'entre eux estimaient d'ailleurs que c'était un atout pour le PS (46 % des sympathisants de gauche et 27 % des électeurs de droite) et seulement 7 % y voyaient un handicap. En outre, 13 % déclaraient préférer voter pour une femme que pour un homme (sondage des 9 et 10 mai 1997, SOFRES).

Le fait, par exemple, que Simone Veil ait conservé pendant vingt-cinq ans un niveau très élevé de popularité ne doit rien au hasard. Son engagement pour l'avortement et son histoire personnelle offrent l'image d'une femme de conviction et très humaine. Par ailleurs, une grande sensibilité, maternelle pour une part, émane de son visage. Les affiches de la campagne européenne de 1979 en ont d'ailleurs tiré profit en mettant en avant ses yeux bleus, son visage bronzé mais aussi sa douceur et son charme. Simone Veil recueille alors 62 % d'opinions favorables tandis que l'UDF, à laquelle elle appartient, récolte une majorité d'opinions défavorables.

Ainsi, la féminisation du personnel politique est un phénomène international qui ne s'explique pas uniquement par une certaine maturité démocratique ou l'évolution générale de la place des femmes dans notre société. La perspective de gains d'image et de profits électoraux ont joué un rôle crucial dans la modification du paysage politique. Plus largement, les partis politiques ont cédé peu à peu à la pression des électeurs, c'est-à-dire des téléspectateurs. L'image occupant une place croissante, les dirigeants politiques ont largement adopté les principes et les techniques du marketing, même s'ils s'en défendent...

L'apparence du leader charismatique

Le marketing politique est un ensemble de techniques de positionnement, de communication et de promotion qui s'exercent tant sur les discours que sur les personnes. Aucun dirigeant n'échappe à la professionnalisation de son apparence et de ses idées. Dans un tel contexte, on comprend que les questions physiques ne soient pas laissées au hasard.

Depuis le milieu des années 1960, des conseillers en marketing politique travaillent à modifier le look, la gestuelle et l'expression orale des candidats dont ils s'occupent. Les Américains ont été précurseurs en ce domaine puisque c'est lors de la campagne de F. D. Roosevelt, paralysé, en 1936 et surtout celle de D. Eisenhower, un peu trop âgé, en 1952 qu'ont vraiment été appliquées ces techniques. La manipulation de l'image de l'homme politique n'est donc pas nouvelle. C'est la professionnalisation et l'intensification de ce phénomène qui sont récentes[21]. En France, c'est la campagne de Jean Lecanuet en 1965 qui constitue le vrai tournant. Pour la première fois, une campagne à l'américaine, reposant sur une intense utilisation de la radio et de la télévision, est mise en place[22].

On a raillé Lecanuet, surnommé « dents blanches » parce qu'il arborait un large sourire, mais il n'en reste pas moins que son score électoral a été important. Crédité de 1 million de voix, il en obtint finalement 4 le jour du vote, mettant en ballottage le général de Gaulle alors qu'il était totalement inconnu du grand public avant la campagne.

---

21. Paralysé depuis l'âge de 39 ans à la suite d'une polio, Roosevelt, par exemple, ne fut jamais photographié ou filmé dans un fauteuil roulant. Au besoin, il se faisait aider pour tenir debout. Le contrôle de son image par ses conseillers était très professionnel. Au même moment, les responsables de la propagande en Allemagne, en Italie et en Union soviétique s'employèrent à travestir l'image des dirigeants. Les photos de Staline sont toujours prises du même côté, car l'un de ses bras est plus petit que l'autre, les leaders paraissent toujours plus grands que leurs camarades et éternellement jeunes. Hitler, Staline et Mussolini optèrent pour des uniformes militaires et des artifices pour paraître plus grands et échapper ainsi à une apparence civile assez banale. En raison, notamment, d'une extrême personnalisation de ces régimes, la manipulation de l'image est allée loin. Comme Napoléon l'expliquait : « Quand on veut passionner les foules, il faut avant tout parler à leurs yeux. » Napoléon, plutôt grand pour son temps (1,68 m), avait su porter des vêtements et un couvre-chef qui le distinguaient.

22. Cf. P. Benoît et J.-M. Lech, *La Politique à l'affiche*, Paris, éditions du May, 1986.

Indéniablement, Lecanuet a « séduit » des journalistes et des électeurs. Il a suscité une adhésion affective sur le modèle de John Kennedy en 1960[23].

Kennedy/Nixon : un cas d'école

Kennedy fit une très forte impression lors du premier débat télévisé qui l'opposa à Nixon le 26 septembre 1960 à Chicago. Il s'y était préparé et entraîné. Il était bronzé, souriant et très à l'aise : il arrivait à faire oublier qu'il n'était qu'un jeune sénateur sans grande expérience affrontant le vice-président des États-Unis.

Officiellement, il avait refusé tout maquillage pour être naturel, mais il se fit discrètement mettre du fond de teint par un conseiller qui courut s'en procurer dans une pharmacie. Faisant un essai dans le studio, il décida aussi d'enlever sa chemise blanche qui risquait d'éblouir les spectateurs avec les projecteurs et opta pour une bleue qu'on s'empressa d'aller chercher à son hôtel.

De l'autre côté, il y avait Richard Nixon. Il souffrait d'une inflammation au genou qui le fatiguait et pour laquelle il avait été hospitalisé pendant deux semaines. Comble de malchance, il s'était heurté le genou blessé en arrivant au studio... Du coup, il était parfois vautré dans son siège alors que Kennedy se tenait parfaitement droit. Sa mauvaise santé, accentuée par le refus d'un bon maquillage,

---

23. Il est fréquent que des leaders optent pour ce type de stratégie d'image (Pierre Trudeau au Canada en 1969, Valéry Giscard d'Estaing en 1974 ou encore Dominique Baudis qui fut maire de Toulouse). Ces « leaders de charme », selon l'expression de Roger-Gérard Schwarzenberg, provoquent (ou essaient de provoquer) un type particulier de réaction psychologique chez l'électeur reposant sur une évidente dimension érotique. Voir M. Bongrand, *Le Marketing politique*, Paris, PUF, 1986.

donnait l'image d'un homme plutôt âgé, négligé et donc peu sympathique. Nixon avait également perdu beaucoup de poids à la suite de son hospitalisation. De ce fait, son col de chemise était trop large, ce qui accentuait l'impression de vieillesse et de négligence.

Richard Nixon était donc fatigué en ce dimanche soir et pour dissimuler le rasage du matin, son conseiller en image, qui l'avait simplement vu dix minutes plus tôt dans la voiture qui les emmenait au studio de CBS, avait utilisé un peu de crème. Celle-ci ne masquait pas les pores de la peau et très mal la barbe piquante des joues. En outre, elle dégoulinait irrégulièrement en raison de la chaleur du studio[24].

Pressé d'en finir, Nixon regarda souvent la pendule située à sa droite, ce qui lui donnait un air fuyant, alors que Kennedy gardait les yeux sur son adversaire quand il n'avait pas la parole ou bien fixait les caméras lorsqu'il s'exprimait. Il commit une autre erreur en choisissant d'aborder lors de ce premier débat les questions qui le mettaient mal à l'aise, réservant pour les prochaines joutes les thèmes où il était meilleur. Or seule la première impression compte vraiment... Les 70 millions de téléspectateurs qui regardèrent l'émission se forgèrent une opinion ce jour-là : Nixon leur fit l'effet d'un « vendeur automobile sans envergure ». En revanche, ceux qui suivirent le débat à la radio le trouvèrent bon...

Les instituts de sondage estimèrent à 2 millions le nombre d'électeurs qui avaient basculé en faveur de Kennedy à la suite de ce seul débat. Sachant que la victoire ne s'est jouée qu'à 112 000 voix, on mesure mieux l'impact

---

24. On prétend d'ailleurs que le conseiller en communication de Kennedy aurait poussé le chauffage en s'introduisant dans le sous-sol du studio...

de l'émission[25]. Dans ses mémoires, Nixon déplore évidemment que l'apparence physique ait ainsi pris le pas sur les idées. Quelques années plus tard, pourtant, en 1968, instruit par l'expérience, il acceptera d'être « vendu » aux Américains, en particulier à la télévision, avec un grand professionnalisme[26].

Une image étudiée

Si, avec Nixon, on a vendu pour la première fois un président, avec Reagan, on est allé chercher un homme qui savait tenir son rôle. Ancien acteur de cinéma, toujours bronzé et souriant, Ronald Reagan a fort bien utilisé son image et son pouvoir de séduction pour conquérir l'État de Californie, puis, par deux fois, la présidence, en 1980 et en 1984.

Pourtant, Reagan n'avait guère de chances d'être président. Ses positions très conservatrices le plaçaient en mauvaise posture. Il était trop éloigné du centre de l'échiquier

---

25. D'ailleurs, 57 % des électeurs avouèrent que ce débat avait influé sur leur vote et 6 % que leur décision s'était forgée au vu de ce seul débat. L'influence réelle des débats télévisés est assez complexe et controversée. Les sondages Gallup de l'année 1960 comme les sondages réalisés par cet institut lors des campagnes présidentielles suivantes ne montrent pas un effet très sensible du succès dans un débat télévisé sur les intentions de vote. Les électeurs disent changer d'avis mais modifient en fait peu leurs intentions de vote réelles. Néanmoins, on peut penser que l'apparente stabilité de l'électorat dissimule des déplacements de l'électorat qui ne se seraient pas produits autrement. Par ailleurs, on note que si Nixon et Ford n'avaient pas raté leurs débats télévisés, ils auraient suffisamment progressé pour l'emporter. Enfin, le plus important, quelles que soient les déclarations des électeurs, est de rappeler que les meilleurs débateurs ont toujours emporté l'élection, parfois avec une avance réduite sur leur challenger (Kennedy sur Nixon, Carter sur Ford, Reagan sur Carter, Bush sur Gore, etc.).

26. C'est d'ailleurs le titre d'un ouvrage qui y est consacré (*The Selling of a President*).

politique pour être certain de l'emporter[27]. Malgré tout, démocrates et républicains savaient qu'il avait un atout de taille : ses performances à la télévision. Reagan crevait l'écran et tout le monde s'en rendait compte[28]. Les hommes d'affaires du sud de la Californie qui lui mirent le pied à l'étrier dans les années 1960 l'avaient d'ailleurs choisi pour ses qualités de « grand communicant[29] » et ils ne s'étaient pas trompés.

On peut bien discuter de l'impact réel de l'image des candidats à la télévision ou sur les affiches. Les hommes politiques, eux, en sont convaincus qui n'hésitent pas à étudier leur apparence et à en améliorer l'aspect. François Mitterrand, lorsqu'il entreprit au début des années 1970 de convaincre les militants socialistes qu'il était bien un « leader » socialiste, adopta délibérément, si l'on en croit Pierre Mauroy, une tenue rappelant celle de Léon Blum et reprit, en particulier, le même chapeau noir[30]. Plus récemment, Alain Madelin, soucieux de se distinguer à la fois de Jacques Chirac et de Lionel Jospin dans la perspective des élections présidentielles, a choisi de le manifester par son apparence. En octobre 2000, il est apparu au journal de 20 heures en

---

27. Bush, Dole, Glenn, Gore, Mondale, Clinton sont par exemple plus centristes.

28. W. J. Stone et R. B. Rapoport, « Candidate perception among nomination activists : A new look at the moderation hypothesis », *The Journal of Politics*, 56, nov. 1994, p. 1034-1052. La popularité de Reagan a peut-être été exagérée (Reagan n'avait pas de scores de popularité exceptionnels comme président). Néanmoins, le mythe a fonctionné semble-t-il en raison du savoir-faire de Reagan avec les journalistes qu'il séduisait notamment par des entretiens de face-à-face. Voir à ce sujet Michael Schudson et Elliot King, « Le mythe de la popularité de Reagan », *Politix*, n° 37, 1997, p. 43-67.

29. N. J. O'Shaughnessy, *The Phenomenon of Political Marketing*, New York, Macmillan, 1990.

30. Quelques années plus tard, il se fit redresser et limer quelques dents proéminentes et pointues pour avoir l'air moins agressif à l'occasion de la campagne de 1981. Il est vrai que lors de la campagne de 1974 et du débat télévisé avec Valéry Giscard d'Estaing, il n'était pas encore assez attentif aux apparences.

polo noir, col ouvert, avec une coiffure plus naturelle qu'à l'accoutumée. Il avait délaissé la cravate, cherchant à s'imposer comme un représentant des « modernes » contre les « anciens » par un aspect jeune et décontracté qui rappelait celui des entreprises de la nouvelle économie, où le « dress down » et le style « casual » sont de mise[31].

Nos politiciens s'adonnent aussi à des séances de « media training » où ils reçoivent des conseils sur leur apparence, leurs vêtements ou leur gestuelle. Certains gestes sont, en effet, à proscrire, comme le doigt pointé vers le téléspectateur ou les mouvements amples. On attend aussi des hommes et des femmes politiques qu'ils fassent preuve de dynamisme, d'aisance et de naturel : on y voit un signe de bonne santé physique et mentale et, en quelque sorte, une marque de leur rang. Certains politiciens sont d'ailleurs servis par des facilités psychomotrices ou sportives, comme c'était le cas de Jacques Chaban-Delmas. Ces qualités servent en particulier à compenser ou atténuer les effets visibles du vieillissement. Dans le même ordre d'idées, en 1995, lors de la campagne présidentielle, les conseillers d'Édouard Balladur l'invitèrent à se mêler à la foule et à donner une image plus populaire et plus jeune. Mais Édouard Balladur ne monte pas aisément ou très naturellement sur les tables pour haranguer la foule, et cela se voit.

Les candidats politiques s'efforcent aussi d'éviter que l'on puisse traquer des gestes incontrôlés qui les trahiraient. En 1974, par exemple, les jambes de Mitterrand sont très agitées, alors que le haut de son corps est fixe et calme. Depuis, certains dirigeants politiques ou hommes d'affaires,

---

31. Philippe Douste-Blazy était, peu de temps avant, apparu également à la télévision sans cravate et en polo noir mais c'était sur une chaîne plus confidentielle, au public plus citadin et plus jeune (LCI).

comme Louis Schweitzer, le président de Renault, ont interdit que l'on filme leurs pieds... À l'inverse, le maire de Paris, Jacques Chirac, a accepté de faire la une d'un magazine destiné aux jeunes filles à l'occasion du passage de Madonna. Assis dans l'herbe, un baladeur sur les oreilles, il portait des tennis et une tenue « sportswear ». Malheureusement pour lui, il avait conservé de fines chaussettes mi-bas qui trahissaient le contre-emploi...

Les hommes politiques sont également très attentifs à leur coupe de cheveux. Certains s'efforcent de se vieillir, comme Kennedy en 1960 ou Françoise de Panafieu en 1999. Les autres, le plus souvent, essaient de se rajeunir[32]. Le fait d'être chauve, en particulier, serait plutôt un handicap politique[33]. En raison, sans doute, de l'impact croissant de la télévision, la chevelure des candidats à la présidence américaine est ainsi devenue un enjeu crucial. Les présidents chauves ont laissé une image de défaite, de médiocrité ou de malhonnêteté, comme Johnson, Nixon ou Ford. En revanche, Kennedy, Reagan ou Clinton avaient une chevelure abondante et ils ont profité d'une image nettement supérieure dans l'opinion publique. Ce facteur de succès a de nouveau joué un rôle lors de l'élection présidentielle de 2000. Plusieurs des candidats briguant l'investiture de leur parti étaient atteints d'une calvitie plus ou moins importante (McCain, Alexander, Gore, Bradley, Buchanan). En revanche, d'autres prétendants étaient dotés d'une chevelure plus fournie, comme Forbes et surtout Bush. Cet élément,

---

32. Rien n'est pire, cependant, que d'apparaître comme un tricheur. Jacques Séguéla a d'ailleurs signalé qu'on pourrait faire une bonne campagne de publicité comparative en raillant la perruque d'Antoine Wechter (« signe de malhonnêteté ») qu'il oppose à la « bonne tignasse de Rocard » (signe de franchise).

33. Aux États-Unis, 20 % des électeurs sont convaincus que les cheveux abondants sont un atout en politique. Les faits leur donnent raison. Depuis quarante ans, aucun chauve n'a été élu président des États-Unis.

aussi dérisoire qu'il puisse sembler, a incontestablement joué en faveur du candidat républicain. Indépendamment de son positionnement idéologique, les chances de succès de Bush étaient bonnes, car il profitait d'une très bonne apparence à laquelle participaient ses cheveux !

La présidentielle américaine 2000 s'est à nouveau jouée sur l'apparence des candidats. Jamais depuis le duel Nixon/ Kennedy en 1960 où Kennedy l'avait l'emporté par 49,7 % contre 49,5 % à son challenger, une élection n'avait été aussi indécise. En 2000, la veille du scrutin, les deux candidats sont séparés par à peine un point dans les sondages, alors que nombre d'électeurs n'ont pas encore décidé de leur vote. Dans ces conditions, compte tenu de la proximité des programmes, l'impact de la personnalité des candidats, telle que les électeurs la perçoivent, est essentiel. La promotion de l'image des deux hommes passera notamment par des spots télévisés et atteindra des records. Plus que jamais la campagne aura été une bataille d'image.

Un impact prouvé

Allant bien au-delà des anecdotes et des témoignages de conseillers en communication politique, des études scientifiques américaines et britanniques ont établi sans conteste l'impact de l'apparence des candidats sur les sentiments qu'ils inspirent aux électeurs et sur leurs votes[34]. Une équipe réunie autour du professeur Rosenberg[35], de l'université de

---

34. R. Masters en 1985 et en 1988 dans la revue *American Journal of Political Science*. P. J. Maarek, *Communication et marketing de l'homme politique*, Paris, Litec, 1992.
35. W. S. Rosenberg *et alii*, « Creating a political image », *Political Behavior*, 13, 4, 1991, p. 345-367.

Californie, a ainsi cherché à savoir dans quelle mesure il était possible d'influer sur le choix d'un électeur simplement en modifiant l'apparence des candidats. Pour cela, elle a d'abord pris 210 photos de femmes, qu'elle a fait évaluer par un jury. Il était notamment demandé si la personne représentée ferait une bonne élue, si elle inspirait confiance, si elle paraissait compétente et si elle était physiquement attirante.

Les diverses photos différaient évidemment sur de nombreux points : forme des yeux et des lèvres ; coupe de cheveux ; âge ; sourire ; nature et couleur des vêtements ; type de bijoux ; etc. Il a ainsi été possible d'identifier les 13 caractéristiques qui, sur un total de 29, faisaient d'une personne un bon élu. Une fois ces facteurs identifiés, on a alors choisi six femmes qui ont été photographiées deux fois. Dans un premier cas, elles étaient habillées, maquillées et coiffées de façon à donner une « mauvaise image politique ». Dans l'autre, on avait suivi les critères qui, selon des professionnels de la photographie et du maquillage recrutés à Hollywood, donnaient une « bonne image politique ». Voici, à titre indicatif, quelques-unes des caractéristiques qui façonneraient ainsi une apparence féminine plutôt favorable[36] :

• avoir un visage un peu large, avec une courbe exagérée des paupières supérieures et des sourcils affinés ;

• avoir le regard vif et des yeux bien visibles ;

• avoir des lèvres minces et un menton large ;

• porter les cheveux courts et disposés en arrière ou sur un côté ;

---

36. Il faut évidemment ne voir dans ces préconisations qu'une illustration, car elles sont évidemment pour une part contingentes (tout dépend de l'électeur-cible et du pays) et demandent à être confirmées par de multiples expériences.

• sourire ;

• porter un chemisier blanc ou une veste de tailleur et un chemisier avec un collier simple et des boucles d'oreilles ;

• paraître un peu âgée grâce au maquillage[37].

Après avoir précisé que ces femmes étaient en lice au sein de leur parti pour obtenir l'investiture aux prochaines élections, on demandait ensuite aux personnes interrogées de les classer en fonction de leurs capacités à les représenter politiquement. On s'est alors rendu compte que la manipulation des apparences avait parfaitement fonctionné : sur une échelle allant de 1 à 6, la différence entre une belle apparence et une mauvaise apparence est de 2,25 points.

Dans un dernier temps, pour être bien certain de l'impact de l'image du candidat, on a confectionné des tracts, ou « flyers », avec photos, qui exposaient les positions politiques des candidates supposées appartenir tantôt au parti démocrate, tantôt au parti républicain. L'effet d'image est resté massif même lorsque le destinataire disposait d'éléments de nature politique. Les femmes à la présentation étudiée pour plaire réalisaient un score électoral de 56 %, contre 44 % pour celles qui avaient une apparence plus médiocre.

---

37. On peut être étonné de la prime donnée ainsi à des femmes paraissant plutôt âgées. En réalité, le vieillissement est préjudiciable, mais à partir d'un certain point. C'est en tout cas le point de vue développé par Jacques Séguéla pour expliquer une partie de la défaite de Mélina Mercouri à 65 ans à la mairie d'Athènes face à un adversaire jeune, Tristis, au sourire de playboy et à l'allure de bellâtre De même, Bruce Brendan s'employa à rajeunir autant que possible Margaret Thatcher et souligna à quel point le vieillissement est en général mal perçu par les électeurs. Il a fallu combattre l'image de sénilité de Ronald Reagan. Lors de la campagne de François Mitterrand en 1988, ses conseillers ont habilement montré l'image d'un jeune avec le slogan « Génération Mitterrand ». J. Séguéla, *Vote au-dessus d'un nid de cocos*, Paris, Flammarion, 1992.

Politique et « people »

Nous aimerions peut-être que les choix politiques soient moins orientés par l'apparence des candidats que guidés par la lecture de leur programme, mais les faits sont têtus. Comme dans la vie scolaire, amoureuse ou professionnelle, les apparences sont source d'attirance, de rejet ou de discrimination. S'il existe une relative stabilité de l'électorat et si le contenu du message politique conserve son importance, néanmoins et plus que jamais, être élu, c'est séduire des électeurs et gouverner, c'est paraître, pour reprendre la formule de Jean-Marie Cotteret[38].

Dans une société qui valorise la beauté et l'apparence de manière exacerbée par l'intermédiaire du cinéma et de la télévision, l'homme politique qui veut compter devient un « homo cathodicus ». Il cherche à émerger du lot, à capter l'attention des téléspectateurs et à déplacer l'électeur au bureau de vote. Il doit être saillant, ne pas laisser indifférent. Comme le souligne Bernard Manin, « élire consiste à choisir des individus connus[39] ». On n'est pas connu parce que l'on a été élu, mais on est élu au motif que l'on est connu.

À ce jeu, l'homme politique ambitieux va se trouver, sur ce terrain d'exercice, en compétition avec des personnalités qui bénéficient d'une plus grande notoriété que lui : journalistes, acteurs de cinéma, mannequins, sportifs de haut niveau, etc. D'où leurs efforts pour paraître dans des émissions de variété ou de sport où ils ont la possibilité de délais-

---

38. J.-M. Cotteret, *Gouverner c'est paraître*, Paris, PUF, 2ᵉ éd., 1997.
39. B. Manin, *Principes du gouvernement représentatif*, Paris, Flammarion, 1996.

ser les questions politiques et de se rendre plus familiers ou plus naturels. Dans un contexte de cohabitation, Jacques Chirac et Lionel Jospin n'ont pas hésité à solliciter des reportages et des séances de photos publiées dans la presse jeune ou « people ». La bataille électorale en France est plus que jamais une compétition sur le terrain des affects. L'homme ou la femme politique aime, non pas l'Europe ou la France, mais son conjoint, ses enfants, ses amis. C'est notamment pour cette raison que Bernadette Chirac, Sylvianne Jospin ou Élisabeth Bayrou ont pris une telle place dans les médias.

Ainsi, l'homme politique ne doit pas seulement avancer des propositions qui correspondent aux préoccupations des citoyens et les exprimer clairement et de manière compréhensible ; il doit aussi paraître proche des gens par sa propre manière d'être en introduisant dans sa communication politique une dimension affective.

Le déclin de l'audience des émissions politiques, reléguées en fin de soirée ou supprimées, pousse d'ailleurs le personnel politique à se mêler à d'autres vedettes dans des émissions qui n'ont aucun caractère politique. Les hommes

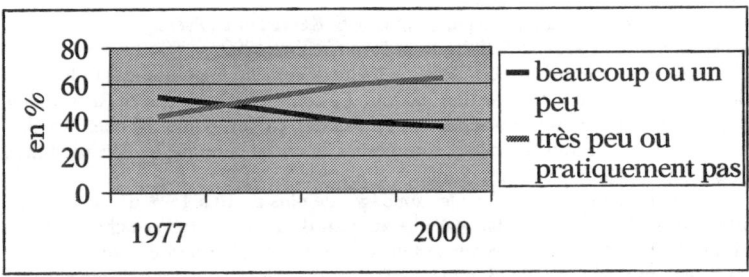

Les hommes politiques se préoccupent-ils de ce que pensent les Français ?
(Source : SOFRES/journaux de province, entre le 23 et le 25 août, sur un échantillon de 1 000 personnes.)

politiques font partie des célébrités qui forment à un moment donné ce qu'on appelle le « people[40] ». Certes, on peut objecter que cette évolution ne favorise pas le débat politique et banalise le personnel politique que plus rien ne distingue d'un présentateur ou d'un chanteur à succès. On peut craindre cette dérive de la politique vers le divertisse-ment[41]. On peut aussi s'inquiéter du dépérissement du débat d'idées auquel elle conduit[42].

On fera toutefois remarquer que les émissions politiques sont devenus des « non-événements » où triomphe la langue de bois. Les hommes politiques importants y tiennent un dis-cours évasif, peu affectif, impersonnel et technocratique. Dans ces conditions, ces émissions sont-elles vraiment indispensables au progrès du débat d'idées ? N'éloignent-elles pas encore davantage les hommes politiques de leurs électeurs ? À l'inverse, le risque est que notre société consi-dère que la notoriété cathodique, acquise parfois simple-ment par un physique de rêve ou des exploits sportifs[43],

---

40. Les magazines et hebdomadaires contribuent beaucoup à ce phénomène. Ainsi, *Le Figaro Magazine* (après un numéro consacré à de Gaulle, ses femmes, etc.) titre en couverture de l'édition du 27 novembre 1999, d'une part : « Napoléon, ses femmes, ses manies, sa mort, son héritage » et de l'autre : « Dans ce numéro Jacques Chirac, Phil Collins, Erik Orsenna. »

41. J.-P. Elkabach, cité par F. Cornu, S. Kerviel et D. Psenny, « La politique du spectacle », *Le Monde Télévision* du 29 novembre 1999.

42. Pierre Marcelle écrit ainsi : « Inéluctablement, le politique fout le camp dans la moulineuse "peopelisation" de tout. Ça commença *adagio* avec *Paris-Match* pour un mariage ou un accouchement ministériel, ça s'est poursuivi chez Drucker à la télé. Puis, un jour — nous y sommes —, la chose publique se découvre nue, et quasiment réductible à ses coulisses et alcôves. »

43. Coluche crédité dans les sondages de plus de 10 à 15 % d'intentions de vote aux présidentielles n'était pas allé au bout de la démarche. Les chanteurs du groupe Zebda ont généré avec un certain succès un véritable courant politique avec les listes « motivés » et Dieudonné a également sauté le pas. Quant à Bernard Tapie qui a alterné la chanson, l'animation d'émissions de télévision et la politique, son succès spectaculaire en politique a été stoppé net par des difficultés judiciaires. Les cas de Noël Mamère, Phillipe Vasseur et Dominique Baudis sont des exemples de passages du journalisme à la politique.

équivaut à une compétence et autorise à parler de tout, conférant une sorte de label de grandeur et de grâce[44]. Dans ces conditions, si la célébrité se confond avec la compétence, et si cet amalgame place les politiques face à de nouveaux et redoutables concurrents, nos dirigeants pourront-ils se soustraire, mais en ont-ils l'intention, aux impératifs de l'apparence dont l'emprise gangrène la vie sociale ?

---

44. P. Bourdieu, *Sur la télévision*, Paris, Liber, 1996.

Conclusion

QUE FAIRE ?

Dans le film *Trop belle pour toi*, Gérard Depardieu trompe son épouse, Carole Bouquet, avec Josiane Balasko. Pourtant, Carole Bouquet est généralement considérée comme plus belle... Comment un homme peut-il ainsi préférer une femme qui, par ses formes, s'écarte franchement des canons esthétiques ? Le film fournit quelques éléments de réponse. Il y a d'abord les milieux trop éloignés du mari et de la femme, et Depardieu se sent mieux avec Balasko dont il apprécie la simplicité. Il y a surtout une différence d'ordre physique. Dans le film, l'épouse incarne un type de beauté glacée : grande, mince, avec un visage fin. La maîtresse, en revanche, jouée par Balasko, est toute en rondeurs et bien en chair. Et c'est finalement moins l'opposition entre la « belle fille » et la « fille ordinaire » qui est en jeu que la différence entre la femme peu sexuelle et la femme très sensuelle. Mais n'est-ce pas encore une question d'apparence ?

De la même façon, dans le succès, il ne fait pas de doute qu'une intelligence hors norme, une grande puissance de travail et une volonté féroce jouent un grand rôle. L'origine sociale et les effets de réseau ont aussi leur part. L'apparence vient, en quelque sorte, compléter ou aggraver ces facteurs de reproduction sociale. Reste néanmoins que le niveau moyen de réussite des individus séduisants est plus élevé que celui des personnes au physique ingrat et que les beaux ont de moindres efforts à accomplir pour voir reconnus leurs mérites ou leur travail.

Le succès est plus chèrement obtenu par certains que par d'autres. Ceux qui sont desservis par leur apparence seront obligés de compenser par des qualités bien supérieures, et il est fréquent que des hommes peu séduisants s'investissent énormément dans leurs études, leur vie professionnelle, la quête du pouvoir ou le succès sportif. Cette stratégie les conduit souvent au succès, y compris auprès des femmes. Rien ne prouve néanmoins que leurs succès n'auraient pas été plus rapides et plus spectaculaires si leur apparence avait été plus flatteuse[1].

Certes, nombre d'hommes et de femmes qui réussissent leur vie et sont au pinacle sont des gens d'apparence ordinaire. C'est tout à fait compréhensible, car la très grande majorité de la population n'est ni très belle ni très laide. Précisons néanmoins que nous jugeons en général ceux qui réussissent en fonction de leur apparence actuelle, ce qui fausse en partie notre évaluation. Un homme politique connu et puissant est souvent relativement âgé et quand on observe des photos où il est plus jeune, on est souvent frappé par d'évidentes capacités à séduire. En outre, si jusqu'à présent l'impact de l'apparence a longtemps été faible dans de nombreuses activités

---

1. D. Waynforth, « Differences in time use for mating and nepotistic effort as a function of male attractiveness in ruaral Belize », *Evolution and Human Behavior*, 20, 1, janv. 1999, p. 19-28. En outre, il est plus difficile d'atteindre le succès dans tous les domaines (réussite économique, diplômes de premier plan, notoriété, succès amoureux, beau mariage) lorsque son apparence constitue un handicap relatif.

et professions, cela est de moins en moins vrai. Dans un monde où l'image n'avait pas encore triomphé, l'apparence était moins cruciale, et les personnes dont on peut dire aujourd'hui qu'elles ont objectivement réussi ne sont plus de première jeunesse...

Il va de soi, enfin, que la réussite d'une vie professionnelle ou le succès en politique ne dépendent pas, dans l'essentiel des cas, de la pure apparence, mais un discours lénifiant, technocratique et pour tout dire soporifique, servi par un personnage d'aspect ordinaire, a peu de chance de convaincre. Les hommes et les femmes charismatiques ne sont pas lisses ou moyens, et ce résultat ne provient pas seulement de l'apparence même si elle y contribue.

Parvenu quasiment au terme de notre étude, il nous semble que l'apparence joue, sans conteste possible, un rôle tout à la fois majeur et constant, tout en étant complexe, diffus et peu perceptible. Certes, bien des éléments organisent la vie sociale, façonnent les couples et forgent les destinées, mais l'apparence exerce toujours une action. Même lorsque nous croyons qu'elle n'entre pour rien dans un phénomène, un examen plus approfondi révèle qu'elle a des effets insoupçonnés.

Une mère qui entoure davantage un enfant parce qu'il a un bec-de-lièvre et lui permet ainsi de mieux réussir, un homme qui plaît par sa profession en bénéficiant d'un effet de halo, des femmes qui paraissent trop rondes pour attirer autant les hommes mais qui, en réalité, correspondent bel et bien aux préférences masculines : dans tous ces cas, l'apparence a eu un impact, même si son influence n'était pas mécanique et uniforme.

Or, aujourd'hui, loin d'avoir régressé, l'apparence a étendu son emprise à tous les domaines de la vie sociale et concerne désormais au moins autant les hommes que les femmes[2]. Or, si depuis une trentaine d'années, on prend de plus en plus en considération des facteurs d'injustice sociale et économique comme le sexe, la race ou le handicap[3], si des lois existent en ces domaines qui imposent désormais, par exemple, des quotas, si les politiques suivies ont d'ailleurs permis d'atteindre certains résultats quand bien même le chemin à parcourir reste immense, l'inégalité liée aux apparences, elle, demeure largement sous-estimée et cachée.

Cette ignorance d'un phénomène que le sens commun et l'expérience quotidienne pressentent est surprenante et perdure en France. Les Américains et les Anglais, eux, n'ont pas hésité, depuis trente ans, à multiplier les études pour mettre en évidence le phénomène et le mesurer. Ils ont aussi clairement montré qu'il était au moins aussi important aujourd'hui de remédier aux conséquences néfastes de ce type d'inégalité que de s'intéresser aux discriminations sexuelles ou raciales.

Mais, dans notre pays, s'intéresser à l'apparence physique ou au vêtement semble tellement trivial qu'on imagine mal un étudiant désireux de faire une carrière universitaire consacrer ses efforts à des questions aussi légères. Pourtant,

---

2. Or tout laisse prévoir, dans les prochaines années, une pression accrue de l'apparence dans notre société, à commencer par l'attention au « look » chez les jeunes, quel que soit leur milieu. Plus inquiétante, peut-être, est la progression des « transformations corporelles assistées ». Jeremy Rifkin observe que nous passons de plus en plus de temps à corriger et à améliorer notre corps, comme si nous n'étions jamais finis. Dans quelques années, les modifications génétiques et les interventions de chirurgie esthétique seront généralisées. « Dans cette société, s'interroge Rifkin, quel sera le degré de tolérance envers ceux dont les erreurs n'auront pas été corrigées ? » En outre, il y a fort à parier que l'accès aux modifications du corps risque d'être réservé, pour des motifs notamment financiers, aux milieux favorisés. Si rien n'est fait pour enrayer ce processus, le travail des corps, se cumulant avec le travail des apparences, sera un facteur de perpétuation et d'aggravation des inégalités sociales.

3. Le dernier exemple de ces politiques est la parité hommes/femmes et l'introduction spectaculaire de la discrimination positive à l'américaine.

la reproduction sociale repose en partie sur des considérations physiques. Le fait que la scolarité des enfants, l'accès à l'élite, le recrutement dans les entreprises ou encore le déroulement des carrières obéissent largement à de tels motifs est peu reluisant, mais c'est néanmoins un fait.

Dans notre pays, s'intéresser à cette question paraît aussi suspect. La tyrannie de l'apparence et la force des préjugés sont telles que le risque d'eugénisme est réel. Car l'apparence n'est pas seulement un construit social, c'est aussi une donnée déterminée génétiquement. Et il est vrai que la tentation existe dans notre société de rejeter purement et simplement ceux dont le physique n'obéit pas aux standards du moment[4].

Évidemment, nous aimerions mieux que les efforts et les mérites de chacun déterminent l'obtention des diplômes, l'accès aux emplois et le déroulement des carrières. Dans une société démocratique, nous souhaiterions que la motivation permette à tout le monde de s'en sortir. Même si nous savons au fond de nous-mêmes qu'il n'en est rien, même si nous nous doutons que l'un des régulateurs de la vie sociale, qui va décider de la réussite, de la fortune ou de la gloire, a un fondement arbitraire et, pour tout dire, assez primitif, il peut paraître inutilement blessant de souligner combien les individus les plus laids cumulent les handicaps dans la vie.

Il nous semble, au contraire, que c'est en disant la vérité sur cette source de discrimination qu'on peut aussi élaborer les stratégies visant à limiter, sinon contrer, l'emprise de l'apparence. Ceux, par exemple, qui font l'apologie du recrutement à partir d'entretiens, de mises en situation ou

---

4. L'arrêt Perruche du 17 novembre 2000, rendu par la Cour de cassation, ouvrait la voie à l'indemnisation pour un préjudice, notamment esthétique, non détecté lors des échographies faites durant la grossesse.

de tests de personnalité et regrettent la place excessive des diplômes et des concours écrits font, en vérité, le jeu de la plus injuste des sélections. Si le système éducatif français décidait de renoncer aux critères objectifs sur lesquels il se fonde, à savoir les vraies compétences des élèves, il renverrait, de ce fait, le tri entre candidats au moment de l'entrée dans l'entreprise. Or, celle-ci s'effectue à partir de méthodes qui donnent une place majeure à l'apparence, quand ce n'est pas à la graphologie, la numérologie, l'hématologie ou l'astrologie...

Dans tous les moments de la vie quotidienne, l'apparence sert ou dessert, mais il y a, toutefois, une différence avec des caractéristiques comme le sexe ou la race qui, elles aussi, servent ou desservent. Dans une large mesure, l'apparence qu'offre une personne est de sa responsabilité et peut être modifiée en grande partie. Des changements minimes peuvent être entrepris en ce qui concerne le vêtement, la coiffure, le maquillage, mais aussi la gestuelle et les postures. Même le corps peut faire l'objet de modifications[5].

L'apparence d'un individu et son pouvoir de séduction sont donc améliorables. Les consommateurs, hommes ou femmes, s'en doutent qui sont de plus en plus friands de conseils de beauté et de règles de régime. Les magazines l'ont compris qui sont en pleine expansion, tout comme le marché esthétique qui est très florissant.

Car si l'apparence est un produit social, si elle est utilisée par notre environnement pour nous classer, nous promouvoir, nous ignorer ou nous exclure[6], elle peut aussi

---

5. Actuellement, 3 % des Français (dont 85 % de femmes) ont déjà eu recours à la chirurgie esthétique. Le phénomène concerne désormais les hommes, et 15 % des hommes envisagent une telle intervention selon un sondage SOFRES de juillet 2000).
6. P. Perrot, *Le Travail des apparences — le corps féminin — XVIIIe-XIXe siècles*, Paris, Seuil, 1984.

permettre de bousculer l'ordre imposé : on peut être beau et pauvre, tout comme on peut être laid et riche. Ainsi que l'avait fait remarquer Pierre Bourdieu, il y a ici une redistribution des cartes qui ne doit pas être négligée[7]. Néanmoins, cette redistribution qui offre de nouvelles chances ne peut pleinement opérer que si l'apparence est bien connue et bien utilisée sous ses différentes facettes et par tous.

---

7. Pierre Bourdieu signale à juste titre cette propriété particulière de notre corps (c'est un « produit social » certes, mais il laisse des marges de manœuvre). « Remarques provisoires sur la perception sociale du corps », *Actes de la recherche en sciences sociales*, n° 14, 1977, p. 51-54.

BIBLIOGRAPHIE INDICATIVE

AZZOPARDI Gilles, *Les Nouveaux Tests de recrutement*, Paris, Marabout, 1995.

BAUDRILLARD Jean, *La Société de consommation*, Paris, Denöel, 1970.

BELL Quentin, *Mode et société, essai sur la sociologie du vêtement*, Paris, PUF, 1992.

BENOIT Philippe et LECH Jean-Marc, *La Politique à l'affiche*, Paris, Éditions du May, 1986.

BONGRAND Michel, *Le Marketing politique*, Paris, PUF, 1986.

BOUDON Raymond, *Le Sens des valeurs*, Paris, PUF, 1999.

BOURDIEU Pierre, *La Distinction, critique sociale du jugement*, Paris, Minuit, 1979.

BRAUD Philippe, *L'Émotion en politique*, Paris, Presses de la Fondation nationale des sciences politiques, 1996.

BRUCHON-SCHWEITZER Marilou et MAISONNEUVE Jean, *Le Corps et la beauté*, Paris, PUF, 1999.

BRUCHON-SCHWEITZER Marilou et MAISONNEUVE Jean, *Modèles du corps et psychologie esthétique*, Paris, PUF, 1981.

CAMUS Renaud, *Éloge du paraître*, Paris, POL, 1995.

COTTERET Jean-Marie, *Gouverner c'est paraître*, Paris, PUF, 2e éd., 1997.

DESCAMPS Marc-Alain, *Le Langage du corps et la communication corporelle*, Paris, PUF, 1993.

DURKHEIM Émile (1895), *De la division du travail social*, Paris, PUF, « Quadrige », 1998.

FINKIELKRAUT Alain, *La Sagesse de l'amour*, Paris, Gallimard, 1984.

GOFFMAN Erving, *Les Rites d'interaction*, Paris, Minuit, 1974.

GOFFMAN Erving, *Stigmates*, Paris, Minuit, 1975.

HARENDT Annah, *Sur l'antisémitisme*, Paris, Calmann-Lévy, 1973.

KAUFMANN Jean-Claude, *Corps de femmes — regards d'hommes (sociologie des seins nus)*, Paris, Nathan, 1995.

LELORD François et ANDRÉ Christophe, *L'Estime de soi*, Paris, Éditions Odile Jacob, 1999.

LEVINAS Emmanuel, *Difficile liberté*, Paris, Albin Michel, 1963.

LEYMANN Heinz, *Mobbing*, Paris, Le Seuil, 1996.

LIPOVETSKY Gilles, *L'Empire de l'éphémère — la mode et son destin dans les sociétés modernes*, Paris, Gallimard, 1987.

MAAREK PHILIPPE J., *Communication et marketing de l'homme politique*, Paris, Litec, 1992.

MANIN Bernard, *Principes du gouvernement représentatif*, Paris, Flammarion, 1996.

MAUSS Marcel, *Sociologie et Anthropologie*, Paris, PUF, 1950.

MERMET Gérard, *Francoscopie*, Paris, Larousse, 1999.

NATTA Marie-Christine, *La Mode*, Paris, Economica, 1996.

PERROT Philippe, *Le Travail des apparences — le corps féminin XVIIIᵉ-XIXᵉ siècles*, Paris, Le Seuil, 1984.

PFULG Michel, *La Beauté, tout un art*, Paris, Arziates éditeur, 1999.

PIERSON Marie-Louise, *Valorisez votre image — les enjeux de l'apparence dans la vie professionnelle*, Paris, Les Éditions d'Organisation, 1997.

SARTRE Jean-Paul, *L'Être et le Néant*, Paris, Paris, Gallimard, 1943.

SÉGUÉLA Jacques, *Vote au-dessus d'un nid de cocos*, Paris, Flammarion, 1992.

SIMMEL Georg, *La Tragédie de la culture*, Paris, Le Seuil, 1988.

SIMMEL Georg, *Sociologie et épistémologie*, Paris, PUF, 1981.

SIMMEL Georg, *La Parure et autres essais*, Paris, MSH, 1998.

SINGLY François de, et Thélot Claude, *Gens du privé gens du public*, Paris, Dunod, 1988.

SINGLY François de, *Fortune et infortune de la femme mariée*, Paris, PUF, 3ᵉ éd., 1994.

WEBER Max, *L'Éthique protestante et l'esprit du capitalisme*, Paris, Plon, 1964.

YONNET Paul, *Jeux, modes et masses*, Paris, Gallimard, 1985.

TABLE

TABLE   215

Organisations et travail
Coopération, conflit et marchandage
Vuibert, 1993

Le Management des salaires
Economica, 1995

Compétence et organisation qualifiante
(avec L. Cadin)
Economica, 1996

Gestion des ressources humaines
et des relations professionnelles
(avec J. Rojot)
Management et Société, 1996

Les Syndicats en miettes
Éditions du Seuil, 1999

La Démocratie sociale en danger
(avec D. Boissard) Éditions Liaisons, 2001

CET OUVRAGE A ÉTÉ COMPOSÉ
ET MIS EN PAGE PAR NORD COMPO (VILLENEUVE-D'ASCQ)
ET ACHEVÉ D'IMPRIMER SUR ROTO-PAGE
PAR L'IMPRIMERIE FLOCH À MAYENNE
EN MAI 2002

N° d'impression : 54380.
N° d'édition : 2-7381-1137-2.
Dépôt légal : mars 2002.

Imprimé en France